SAPERE AUDE !

Brigitte Meyer-Simon Verlag

DER

CORONA

CODE

ODER

DAS SPIEL MIT DER FREIHEIT

GEDANKEN – FAKTEN – STIMMEN

ESSAY EINER AUFARBEITUNG

Pane Demic

Quis custodiet ipsos custodes ?

Wer wacht über die Wächter ?

Decimus Iunius Iuvenalis

genannt Juvenal

Römischer Satiriker (58 – 140)

2020 im Frühjahr

Was ist passiert? Im Grunde nichts. Nichts, außer, dass ein Virus, vermutlich aus China, sich in der Welt ausgebreitet hat. So genau weiß man nicht, wann es sich woher auf die Reise, vielmehr, auf die Mitreise gemacht hat.

Ein Virus von vielen, die die Welt seit Jahrmillionen belagern und uns als Wirt nutzen. Unser Genmaterial besteht zu etwa 50% aus Virenpartikeln. Nicht das erste und vermutlich nicht das letzte Virus, mit dem wir zu tun haben werden…

DIESES Virus ist dennoch speziell. Nicht etwa, dass es so viel gefährlicher wäre als die Viren vor ihm. Das ist nur ein Teil des Problems.

DIESES Virus löst ganz andere Dinge aus, als ein Massensterben, das zwar immer wieder prophezeit wird, aber bisher nicht eingetreten ist und mit an Sicherheit grenzender Wahrscheinlichkeit auch nicht eintritt.

Das belegen inzwischen die bisherigen Zahlen.

Es wird uns auf eine Weise gefährlich, die wir alle, die Normalsterblichen, niemals für möglich gehalten hätten.

Plötzlich, ganz unversehens, finden wir uns in unfreiheitlichen Verhältnissen wieder. Aus ist es mit unseren Grundrechten, mit unseren Freiheiten. Diese Grundrechte sind das Ergebnis harter Arbeit und beharrlichen Ringens. Ich habe in meinen 62 Jahren Lebenszeit nichts anderes als persönliche Freiheit erlebt. Reisefreiheit, die Freiheit, Menschen zu besuchen, sie zu umarmen und noch viel mehr, ins Theater und ins Museum zu gehen, ins Restaurant... Uneingeschränkt geltende Grundrechte waren bisher eine Selbstverständlichkeit.

ALLES wurde gestoppt. Ja, im Grunde dürfte ich noch nicht einmal in der eigenen Wohnung jemandem näher als 1,5 m kommen.

Das alles ist so unfassbar, dass es mir schwer fällt, das Unfassliche in Worte zu gießen, die meine Gefühle und Gedanken adäquat ausdrücken.

Wie konnte es dazu kommen? Kann es sein, dass eine solche Situation unvorhergesehen und ungeplant aus dem Nichts uns alle „alternativlos" niederdrückt?

Wie erklärt sich, dass so viele Millionen Menschen offensichtlich nicht das allergeringste Problem damit haben, ihre Grundrechte bis zur Unkenntlichkeit zurückgestutzt zu sehen?

Wie ist es möglich in der heutigen Zeit, in der wir fast grenzenlos über Informationsmöglichkeiten verfügen, dass trotzdem sehr viele Menschen im Tunnelblick vor der Glotze verharren, sich berieseln und täglich aufs Neue in Panik versetzen lassen?

Wie ist es möglich, dass eine politisch und wirtschaftlich verbandelte „Elite" nach Gutdünken plötzlich fast zur Gänze über unser Leben entscheidet, darüber, wie wir zu leben haben und was wir zu tun haben und nicht? Und das alles in Rekordzeit? So schnell, dass es atemberaubend ist?

Noch atemberaubender aber, dass dieses absonderliche Lockdown-Virus fast die ganze Welt erfasst und im Würgegriff hat. Ein zweites Virus also, neben Cov-19! Ein erheblich schädlicheres, tödlicheres Virus, das bisher halbwegs stabile Gemeinwesen zerstört, Menschen zu Denunzianten macht, traumatisiert.

Ich habe Herzklopfen. Viel öfter als früher. Mein Herz ist ok, aber mein Geist nicht. Er rebelliert gegen diese unsägliche Entwicklung. Meinem freiheitsliebenden, unabhängigkeitsliebenden Geist fällt es ungeheuer schwer, mit den Erschütterungen meiner Lebensselbstverständlichkeiten umzugehen. Ich bin Unfreiheit nicht gewöhnt! Auch als Frau nicht!

Ich habe Glück. Ich lebe privilegiert und kann meinen Job nicht mehr verlieren. Ich bin in Kurzarbeit, aber damit kann ich leben. Ich stehe vor der Rente, der großen Freiheit sozusagen, dem immerwährenden Urlaub. Sofern die Rente sicher bleibt…

Andere haben weniger Glück. Unzählige Millionen haben weniger Glück. Viele sind noch jung und erfahren gerade etwas, das mir bisher erspart blieb. Es wird sie prägen und ihr ganzes Leben lang begleiten.

Viele werden kein Vertrauen mehr haben, weil jeden Moment alles ganz anders sein, werden und bleiben kann. Sie werden sich vieles nicht mehr trauen, weil sie daran denken, dass, vielleicht mittendrin oder am Ende, alles für die Katz war.

Viele, ja vielleicht die meisten, werden sich aber auch allmählich daran gewöhnen, einer **„Neuen Normalität“** gegenüberzustehen, die ihnen die weltweiten **Menschenflüsterer** so lange eintrichtern werden, bis „die Menschen“ daran glauben.

Das wird doch schon seit Jahren geübt. Wie? Wo? Mit wem? Durch völlig einseitige Indoktrination. In der Schule und in der Uni z.B.. Die Opfer sind Kinder, Jugendliche, junge Erwachsene. Sie werden schon lange zu Zeitgenoss*innen erzogen, die bitte nicht selbst denken, sondern sich lenken lassen sollen. Unkritisch. Identitätslos?

Sie merken es nicht. Sie merken vieles nicht. Und es wird offenbar alles dafür getan, dass es so bleibt.

Viele sagen, dass es doch gut sei, dass die Menschheit mal ein paar auf die Hörner bekommt. Immer höher, weiter, besser, schneller... Das muss ein Ende haben. Zum Wohle des Planeten und der Menschen. In dieser Reihenfolge bitte.

Ja, klar wäre es eigentlich ganz gut, wenn es weniger Flieger am Himmel gäbe, weniger hiervon und weniger davon gäbe. Das sagen aber überwiegend zivilisations-satte Menschen. Menschen, die im Überfluss leben und wohnen und in irgendeiner Form privilegiert sind. Menschen, die sich mit dem Nötigsten begnügen müssen, bei uns oder woanders in der Welt, sagen so etwas nicht. Sie wünschen sich Fortschritt, wenigstens einen kleinen Anteil am Weltkuchen.

Und nun zerstört die Reaktion auf ein Virus, das noch

nicht gänzlich erforscht ist, von dem niemand weiß, wann und wie weit es **tatsächlich** in den Bevölkerungen angekommen ist, wie viele Menschen **tatsächlich** daran und **NUR** daran gestorben sind, sehr viele Leben und Existenzen.

Menschen sterben nicht nur, wie zu allen Zeiten, an einem Virus, sondern auch an den Folgen der politischen Entscheidungen, die in einem weltweiten Ausmaß vernichtend und verheerend sind. Unzählige Existenzen werden zerstört oder stark und nachhaltig beschädigt, Menschen werden in eine existentielle Krise und Verzweiflung gestürzt. Menschen stürzen sich in den Tod als letzten Ausweg oder weil sie das alles nicht aushalten können oder wollen.

Laut Statistiken von Euromomo gibt es in vielen Ländern keinen signifikanten Anstieg der Sterblichkeit. Auch bei uns nicht. Die Influenzawellen der vergangenen Jahre waren erheblich tödlicher.

Weltweit sterben bis über 600 000 Menschen jährlich an Influenza. Hunderte Millionen erkranken weltweit. Vor zwei Jahren rollte die heftigste Influenzawelle seit 30 Jahren über Deutschland hinweg. Kein Hahn hat danach gekräht. Das Leben ist nicht risikofrei zu haben. Man sollte vorsichtig sein. Das ist ok.

Zahlreiche kompetente Professoren, Mediziner, Wissenschaftler, Juristen haben sich abwägend gegen den Lockdown ausgesprochen. Sie werden leider nicht ernst genommen, diffamiert oder ignoriert.

Warum ist das so? Diese Frage ist mehr als berechtigt!

Warum verweigern Politik, Medien und mit ihnen Millionen Menschen den Diskurs? Einen lebenswichtigen Diskurs, denn es geht um sehr viel! Es geht um unsere Zukunft und wie wir darin leben wollen.

Warum werden Tatsachen einfach negiert, ignoriert, abgewehrt? Warum werden Menschen verunglimpft, die sich redlich um die Wahrheit bemühen, die sich darum bemühen, sachlich und wissenschaftlich zu argumentieren. Warum wird das fast kategorisch abgelehnt? Nicht abgelehnt werden Panikmacher, Menschen, die ständig nur mit falschen Prognosen kommen. Nimmt denen das wirklich keiner übel?

Ein Wissenschaftler, der sich die Mühe einer Studie gemacht hat, Prof. Dr. Hendrik Streeck, wird angegriffen. Frontal und von der Corona Einheitsfront.

WARUM???

Das macht mich stutzig. Warum darf es keine anderen Stimmen geben? Passen sie nicht ins Konzept? Es wurde ein Strategiepapier des Bundesinnenministeriums bekannt, in dem geraten wird, dem tumben Volk so viel und nachhaltig mit einem Worst Case Szenario Angst einzujagen als möglich. Hat man das schon vergessen?

Der kleine, dumme, sich größenwahnsinnig als „Souverän" fühlende Mensch soll Angst, ja Todesangst haben vor der unwägbaren Gefahr und so lange zermürbt und mürbe gemacht werden, bis er um persönliche Einschränkungen fleht und bereit ist, auch noch die letzte verbliebene Freiheit daranzugeben?

Es schlägt die große Stunde der Macher, der Denunzianten, der Macht- und Geldgierigen, der Oberlehrer und Besserwissenden, der Bürokraten.

Was weiß die Bevölkerung wirklich? Was weiß die Politik wirklich? Was wissen Mediziner wirklich?

Die Bevölkerung bekommt Zahlen serviert. Vom Robert-Koch-Institut, von der Johns Hopkins Universität, von Euromomo. Der Gesundheitsminister Spahn und die Bundeskanzlerin präsentierten falsche Zahlen der Infizierten Anfang Mai. Sie hatten falsch gerechnet und niemand hat sie gehindert, die falschen Zahlen zu veröffentlichen.

Das ist nicht nur ein Fauxpas, sondern wirft ein ganz besonderes Licht auf die Sache. Echte Zahlen scheinen nicht wirklich zu interessieren. Ich halte diesen Fauxpas für symptomatisch im Umgang mit Corona.

Wir schauen alle in diesen Tagen in die Welt. Es wird mit Zahlen nur so um sich geschmissen. Angsteinflößende Bilder gehen um die Welt. Italien, Spanien, New York...

Die Zahlen werden nicht in ein Verhältnis gesetzt, wie etwa zu Einwohnerzahl, Zahl der Kranken überhaupt, woran sie erkrankt sind und woran sie sterben. Wie hoch die Sterblichkeit in einem bestimmten Land überhaupt ist. Wie das Gesundheitssystem funktioniert, wie viele Tests gemacht werden.

Inwiefern diese Tests wirklich aussagekräftig sind? Ob das dafür verwendete Material, vor allem aus China, das die Gunst der Stunde nutzt, überhaupt brauchbar ist. Das scheint vielfach nicht der Fall zu sein.

Wie viele Verstorbene werden untersucht, um herauszufinden, ob sie AN oder MIT Corona verstorben sind? Das Robert-Koch-Institut hat von solchen Untersuchungen der Pathologen abgeraten. Man staunt.

Es ist die Aufgabe von Pathologen, solche Dinge herauszufinden.

Warum wollte das RKI solche Untersuchungen nicht? Prof. Püschel in Hamburg hat es getan und festgestellt, dass von über 100 untersuchten Verstorbenen keiner AN Corona allein gestorben ist.

Diese Untersuchungen erscheinen dann fast schon wie ein Sakrileg gegen den von oben verordneten und von den meisten Medien sehr willig sekundierten „Mainstream" und waren eine Einladung zur peinlichen Befragung des Herrn Prof. Püschel in der Tagesschau wert.

Corona ist viel spannender als jeder Krimi! Das Virus taucht geheimnisvoll auf, begleitet von jeder Menge verwirrender Informationen aus China und Hysterie in China. Wir sind noch weit weg. Spahn schickt tonnenweise Hilfsmaterial nach China. Wir werden es sicher nicht brauchen, hat er sich wohl gedacht.

Aber kann man so naiv sein? Es beginnt allmählich zu rumoren. Die Viren kommen wohlbehalten in Europa an bzw. werden **gezielt entdeckt** und verteilen sich. Lufthansa stellt die Fliegerei nach China ein. Teure

Entscheidung. Alle anderen von dort dürfen aber noch viele Wochen problemlos in Deutschland einreisen. Langsam aber sicher werden die Europäer nervös. Italien vermittelt katastrophale Verhältnisse und weiß angeblich gar nicht, wohin mit all den Toten. Italien mit seinem chronisch kranken Gesundheitssystem erscheint völlig überfahren von Corona.

Alle Welt blickt geschockt nach Italien und zittert vor Angst, im eigenen Lande mit dieser schaurigen Entwicklung konfrontiert zu werden. Die Bilder aus Italien werden alles rechtfertigen ohne infrage gestellt zu werden. Alle weiteren Reaktionen beziehen sich alternativlos auf Italien. Sinnvoll oder nicht.

Wochenlang wird nicht erwähnt, dass Norditalien intensiv mit China verbandelt ist aufgrund der Aktivitäten bezüglich der Neuen Seidenstraße. In Norditalien sind viele chinesische (Familien) Unternehmen tätig, die im Auftrag Waren produzieren. Viele dieser Leute reisten zu ihren Angehörigen Anfang 2020 zum chinesischen Neujahrsfest nach China. Viele andere Faktoren werden nicht berücksichtigt und hinterfragt.

Des Weiteren gibt es Vermutungen darüber, dass die Beatmungstechnik möglicherweise nicht immer optimal eingesetzt wurde bei Corona-Kranken, die es schlechter vertragen, invasiv beatmet zu werden.

Man lese dazu die seitenlangen wichtigen Hinweise des Verbandes der Pneumologischen Kliniken.

Italien leidet überdies an dem sehr großen Problem mit Krankenhauskeimen. Es konnten offenbar auch nicht alle Patienten angemessen behandelt werden. Es kam zu Triage, dem Auswählen der Menschen, die sterben werden ohne angemessene Behandlung.

Im Netz kursiert ein Video des italienischen Politikers Scarbi Scatenato. Er bezichtigt seine Regierung der Lüge. Die Wissenschaft habe zu Beginn am 9.3.20 mitgeteilt, dass das Virus eine Art Grippevirus sei.

Die Zahlen des Gesundheitsamtes würden aussagen, dass 96 % aller Toten an anderen Krankheiten verstorben seien. Der arme Mann gerät außer sich vor Wut über die „Lügner" in der Politik.

Was sagt uns das? Nun, mir sagt es, dass etwas mit all den Zahlen nicht stimmen kann. In Italien nicht, bei uns nicht. Auf der ganzen Welt nicht. Italien wird uns unausgesetzt als Menetekel an die Wand gemalt, obwohl deutlich ist, dass die Verhältnisse in Deutschland meilenweit von denen in Italien abweichen.

Gehen wir in der Zeit ein paar Jahre zurück.

2012 Pandemie Pläne der Bundesregierung. In diesen Plänen wird eine Pandemie aus Asien durchgespielt.

Ein Szenario basierend auf einer echten Corona-Pandemie 2002/2003 in China, die gut eingedämmt werden konnte.

Warum war die Bundesregierung nicht vorbereitet?

Bill Gates warnt seit 2010 vor einer globalen Virus Pandemie und bereitet sich seither darauf vor. Wirtschaftlich. Er wird bis in alle Ewigkeit mit ihr verknüpft sein.

Diese Bill & Melinda Gates Stiftung ist ein Hauptsponsor der WHO. Die Stiftung unterstützt auch die Berliner Charité und viele andere Organisationen, Medien etc.. Die Stiftung ist nicht unumstritten.

Wie wir alle sehen können, hat Gates sich inzwischen einen sehr wichtigen Platz „erstiftet" in der Weltgesellschaft und spielt eine überaus maßgebliche Rolle.

Auf dem Portal für „Informationsfreiheit":

„FragDenStaat" gibt es eine Anfrage an die Senatsverwaltung für Finanzen Berlin. Es geht darin um die Aufdröselung von Spenden der Gates Stiftung.

Der Antragsteller bittet um folgende Unterlagen:

1. sämtliche Unterlagen zu Spenden, Fördermitteln und jeglicher finanzieller Unterstützung an die Charité in Berlin von Seiten der B & M. Gates Foundation sowie deren „Unterstiftungen" (GAVI, PATH etc.)

2. insbesondere auch die erfolgten Fördermittel in Bezug auf „Grand Challenges".

Er bittet um Angabe, ob es sich um projektbezogene Spenden (wenn ja, welche) handelte und welches Ziel für die entsprechenden Projekte gilt/galt.

Ein Zeit online Artikel vom 23. Oktober 2014 von Heike Buchter trägt den vielsagenden Titel:

„Der Weltgesundheitsapostel".

Ich wage es, zu bezweifeln, dass dieser Artikel heute nochmals an gleicher Stelle erscheinen könnte, denn

Gates hat es in die höchsten Ebenen geschafft und scheint unangefochten der Glücksspender Nr. 1 in der Welt zu sein. U.a. Merkel und von der Leyen liegen ihm zu Füßen und gigantische Beträge fließen.

In diesem Zeit Artikel wird differenziert und kritisch betrachtet, was heute keine Selbstverständlichkeit mehr ist.

Bucher schreibt, dass die Stiftung die größte private der Welt sei mit rund 41 Milliarden Dollar. Sie schreibt:

„*...So wird die Weltgesundheitsorganisation WHO von Gates' Stiftungsinitiativen geradezu erdrückt – während ihr gleichzeitig die Mittel fehlen, um die Verbreitung des Ebola Erregers wirksam zu bekämpfen*".

Rund 80% des Budgets der WHO gehen auf freiwillige Spenden und Zahlungen zurück, die logischerweise nur entsprechend der Vorgaben der jeweiligen Geber eingesetzt werden.

„*Und der Mann, auf dessen Wille es in einem kaum zu überschätzenden Maße ankommt, heißt Bill Gates*".

Der Microsoft Gründer spielt lt. Bucher eine enorme Rolle bei der WHO, wo er, Stand 2014, bereits zweimal die Eröffnungsrede bei der Hauptversammlung halten durfte.

Auch seine Frau durfte auftreten. Dabei nähmen ansonsten nur Experten und Regierungsvertreter teil.

Die 194 Mitgliedsstaaten der WHO haben über die Jahre ihre Beiträge stetig zurückgefahren, so dass

Gates in die Presche springen konnte und dankbare Abnehmer seiner Milliarden fand.

Kritikern dieses „**Philanthrocapitalism**" gefällt das alles nicht. „*So wie Gates mit dem Betriebssystem Microsoft Windows einst die Welt der Computer verändert hat, beeinflusst er mit seiner Stiftung die Welt der Wohltätigkeit*".

Gates sagte während einer Shattuck Vorlesung in der Massachusetts Medical Society April 2018 „*...denn wenn uns die Geschichte etwas gelehrt hat, dann ist es die Tatsache, dass es eine weitere tödliche globale Pandemie geben wird*".

Die Unterorganisation GAVI Global Alliance for Vaccines and Immunization wird ebenfalls von der Stiftung unterstützt. Es wurden Impfkampagnen gegen Kinderlähmung gefördert.

Kritik wurde laut, nachdem es zu einer Reihe von Todesfällen kam. Sri Lanka, Bhutan und Vietnam setzten daraufhin die Gabe von Pentavalent Impfstoff ab".

So etwas wird nicht an die große Glocke gehängt.

Auf dem Portal der Deutschen Wirtschaftsnachrichten erschien ein ebenfalls sehr lesenswerter Artikel am 24. März 2020 mit der Überschrift:

„Bill Gates warnt seit 2010 vor einer globalen Pandemie – und bereitet sich seit Langem geschäftlich darauf vor".

Auf Epoch Times erschien am 1. Februar 2020 ein sehr

interessanter Artikel:

„Bill Gates warnte: Die Welt muss sich auf eine globale Pandemie mit Millionen Toten vorbereiten".

In diesem Artikel wird auch das am 18. Oktober 2019 stattgefunden habende Pandemie Planspiel Event 201 erwähnt und auch ausführlich besprochen. Dieser Event wurde veranstaltet von der Bill Gates Stiftung, der Johns Hopkins Bloomberg School of Public Health und dem World Economic Forum. Der Artikel ist äußerst informativ und empfehlenswert.

Ich frage mich: ist es gut, dass ein einzelner Mensch, der von niemandem gewählt und dazu ausersehen wurde, derart massiven Einfluss auf die „Weltgesundheit" nimmt? **Gates träumt davon, über 7 Milliarden Menschen zu impfen** – und er fragt nicht danach, ob sich alle Menschen von „ihm" impfen lassen **wollen**!

Diese Frage lässt mich sehr nachdenklich zurück. Gates ist nicht der erste Mensch, der riesigen Einfluss auf den Lauf der Welt ausübt aufgrund seines Reichtums. Natürlich nicht. George Soros gehört in die gleiche Kategorie der Großkapitalisten, die den Weltengang gern nach ihren eigenen Vorstellungen nachhaltig beeinflussen möchten.

Gerade in der heutigen „Corona-Zeit" finde ich diesen Einfluss irritierend. Prof. Drosten von der Charité und Dr. Wieler vom Robert-Koch-Institut sind in Verbindung mit ihren Instituten von Gates gefördert.

Kann man also erwarten, dass sie etwas anderes saggen, als von ihnen erwartet wird? Sprich, die Lage so schlimm als möglich darzustellen, damit „die Menschen" sehnsüchtig auf eine Impfung warten? Vorgesehen ist eine Förderung beschleunigter Ergebnisse in der Forschung. Heißt das, eventuell nicht ausreichend lange erforschte und getestete Impfstoffe werden auf die Menschheit losgelassen?

Die Lage soll so dargestellt werden, als ob die Welt ohne eine Impfung gegen Cov 19 unterginge? Frau Merkel spricht von der größten Herausforderung seit dem Zweiten Weltkrieg. Andere Politiker sprechen vom „Krieg" gegen das Virus. Wir werden einerseits subtil und andererseits ganz offen getriggert.

„Die Menschen" haben also längst eine Art „Vorimpfung" erhalten in Vorbereitung auf die „echte"...

Es ist auch die Sprache von einem Immunitätspass. Ein Schnellschuss aus dem Waffenarsenal gegen die uneingeschränkte Freiheit. Was für eine Chimäre! Vorläufig wurde dieses Projekt nach Protesten zurückgenommen, aber es ist nicht vom Tisch. Man muss halt noch belastbare „Zahlen" abwarten...

Ich möchte Bill und Melinda keine schlechten Absichten unterstellen. Aber ich glaube, bei Menschen mit einem alle Vorstellungen übersteigenden Vermögen kann sich der Blick dafür, welche Stellung sie in einer Gesellschaft einnehmen, leichter eintrüben.

Ein sich entwickelnder Allmachts- und Größenwahn ist da sicher keine Überraschung. Die Gates erscheinen mir besessen von ihren Zielen und Vorstellungen.

An jeder demokratischen Auseinandersetzung vorbei drängen sie in Strukturen, die die ganze Weltgemeinschaft betreffen und wollen diese entscheidend mitformen.

Kann das wirklich im Sinne einer freiheitlichen Demokratie sein, wenn im Hintergrund Fäden gezogen und gesponnen werden, die grundlegende Menschenrechte und die Weltgesellschaft beeinflussen?

So ähnlich verhält es sich selbstverständlich auch mit Politiker*innen, wenn ihnen zu viel Macht zuteilwird.

Sie scheinen dann den Bezug zur Realität allmählich aus den Augen zu verlieren…

Hier sollte die Öffentlichkeit miteinbezogen werden.

Auf Welt online erschien am 12. April 20 ein Beitrag von Antje Schippmann „Diese WHO gefährdet uns“:

Sie moniert, dass die Führung der WHO mit Tedros Adhanom Ghebreyesus an der Spitze viel zu chinafreundlich sei. Er habe „kein kritisches Wort gegenüber China verloren, lobte hingegen das Regime von Xi Jinping für seine „Führung“ und „Transparenz“ und riet lange von Handels- und Reisebeschränkungen ab, die die chinesische Wirtschaft belastet hätten.

Schippmann schreibt:

„Taiwans Außenministerium sagt, es habe die WHO schon Ende Dezember auf Mensch-zu-Mensch Übertragungen des Virus hingewiesen. Die WHO bestreitet das. Noch Mitte Januar erklärte die WHO per Twitter,

es gebe keine Hinweise auf die Ansteckung zwischen Menschen. Ihre Quelle:

Die chinesische Regierung".

Der Mann an der Spitze der WHO kommt aus Äthiopien. **Im Focus wird am 16. April 20 folgendes berichtet unter dem Titel:**

„WHO: Das Problem ist nicht China, sondern ihr eigener Chef".

„*Als äthiopischer Gesundheitsminister war er für die Bekämpfung von gleich drei Cholera-Epidemien im Land 2006, 2009 und 2011 verantwortlich. Er spielte sie damals als „wässrigen Durchfall" herunter. WHO Experten beschwerten sich, äthiopische Beamte würden sie über das Ausmaß der Epidemie belügen. UN-Beamte beklagten, die Vereinten Nationen hätten mehr finanzielle Hilfe geschickt, wären sie über das Ausmaß der Epidemie unterrichtet gewesen*".

Weiter: „*Lobbyisten aus dem Riesenreich China rührten vor der Wahl stark die Werbetrommel für den Äthiopier. .... Äthiopien ist hochverschuldet und China mit Abstand der wichtigste Gläubiger des Landes. Eine Summe, die rund 30% des Bruttoinlandsproduktes entspricht, muss aktuell an Peking bezahlt werden*".

Allerdings hat er, und das ist löblich, in seiner Zeit als Gesundheitsminister auch den Aufbau der ersten Krankenversicherung organisiert, Krankenhäuser wesentlich besser ausgestattet, wodurch die Raten an Malaria- und Aids- Erkrankungen sanken.

Die WHO sträubt sich beharrlich, Taiwan in die Gemeinschaft mitaufzunehmen. Wegen China. Natürlich.

Präsident Trump hat mit Recht die Zahlungen an die WHO wegen deren offener Chinafreundlichkeit eingestellt. Dies wurde von der Bundesregierung kritisiert. Allerdings kann Trump machen, was er will, er wird GRUNDSÄTZLICH kritisiert und diffamiert.

Auch die Bundesregierung möchte ihr Verhältnis zu China so wenig als möglich trüben!

Zwischenfazit: Es geht um sehr viel mehr als nur um den Schutz und die Sicherheit „der Menschen"!

Es geht auch und vor allem um handfeste wirtschaftliche Verflechtungen und politische Interessen.

Im März folgte der Lockdown in sehr vielen Ländern der Erde. Milliarden Menschen saßen plötzlich in der Corona-Falle. Regierungen überschlugen sich vor drastischen Maßnahmen, sprichwörtlich ohne Rücksicht auf Verluste in jeder Hinsicht. **Einige Länder gingen erfolgreich moderater vor wie die Schweden**.

Ein gigantisches, nie dagewesenes Gesellschaftsexperiment hob weltweit an. Die Europäer maulten und jaulten zunächst ganz laut darüber, dass Trump seine Grenzen schloss. Später taten sie es ihm gleich.

Menschen wurden von fast allem abgeschnitten, was in irgendeiner Form für sie wichtig, lieb und wert, gar existentiell wichtig, schön, gut, gesund, sozial, zum Lebensunterhalt dringend nötig war.

Mehr oder weniger brachiale Einschränkungen demontierten gewohntes Leben. Von jetzt auf eben.

Ein fahrender Zug wurde per Notbremsung ins Schneckentempo versetzt. Nur mehr das Allernotwendigste durfte noch funktionieren.

Unzählige Zeitgenoss*innen ergatterten sich in den Einkaufsmärkten alles, was sie, eventuell für Monate, zu benötigen glaubten. Vor allem WC-Papier!

Ich vermute, dies geschah im kollektiven Schock.

Schock verhindert vernünftiges Denken und macht weiträumig Platz für den reinen Erhaltungstrieb. Was der allerdings mit WC-Papier zu tun hat, werden Forscher sicherlich noch herausfinden.

Mit Hingabe wurden Absperrungen fixiert, Böden mit Hinweisbändern beklebt, Überwachungspersonal engagiert. Der Einkaufswagen war plötzlich Pflicht. Ein Bespiel für hirnlosen Aktionismus, denn:

Warum soll ich während einer Viruspandemie etwas anfassen, was ich weder anfassen muss noch will? Bei einem großen Supermarkt wurde anfangs die Haltestange des Wagens mit Tüchern notdürftig desinfiziert. Bei anderen gar nicht.

Eimerchen mit Klötzchen oder sonstigen Objekten standen da und jeder Besucher musste oder muss sich eines herausnehmen oder warten, bis wieder eines verfügbar war oder ist, um den Menschenstrom zu kontrollieren. Vor Märkten und sonstigen Läden staute sich die auf Einlass wartende Menge.

Vor dem Lockdown war bereits klar, dass die berüchtigte „R" Zahl unter 1 gesunken war. Trotzdem wurde radikal geschlossen.

Terre des Femmes und andere Organisationen fürchteten zu Recht eine Steigerung in der häuslichen Gewalt.

Aufgrund der irrationalen Angst vor italienischen Zuständen wurden Krankenhäuser rigoros umgestaltet.

Alles hatte sich den apokalyptischen Prognosen unterzuordnen. Weltweit wurden 28 Millionen, knapp 1 Million in Deutschland, andere Operationen und Behandlungen vertagt, die längst geplant waren, auf die oft lange und sehnsüchtig gewartet worden war, da vielfach lebenswichtig. Was für ein Wahnsinn!

Und das alles bereits unter den sich mehrenden Hinweisen, dass dieses Virus von den allermeisten Menschen, wenn überhaupt bemerkt, gut überstanden wird und nur ein winziger Prozentsatz im Promillebereich lebensbedrohlich erkrankt oder stirbt.

Wie hypnotisierte Kaninchen starrten und starren immer noch alle angstvoll auf die mäandernden Infizierten-Zahlen. Ohne zu differenzieren.

Angehörige und wichtige Menschen durften nicht mehr besucht werden. Sie waren alleingelassen und bedingungslos ausgeliefert. Sterbende durften nicht in ihren letzten, oft schweren Stunden begleitet werden, Gebärende in ihren aufregendsten und besonderen Stunden auch nicht.

Beerdigungen, die nicht stattfinden durften. Gesundheit, die vernachlässigt werden musste, weil man sich isoliert und eingesperrt fand.

Viele Menschen trauen sich nicht mehr ins Krankenhaus. Aus Angst, angesteckt zu werden, wohl noch mehr aus Angst, alleingelassen und hilflos zu sein.

Herzzerreißende Situationen, die sicher an die Substanz gehen und ihrerseits krank machen oder zum Tode führe können. So etwas verarbeitet man nicht!

Wurde genug und vernünftig abgewogen? Ist es richtig und gut, eine Gesellschaft lahmzulegen, rein auf völlig unzuverlässigen und wissenschaftlich nicht abgesicherten Prognosen basierend?

Ist es richtig, es sich ganz einfach zu machen und grundsätzlich vom Worst Case Szenario auszugehen? Das bedeutet, eine funktionierende Gesellschaft aufs Spiel zu setzen für mit an Sicherheit grenzender Wahrscheinlichkeit nicht eintretende Prophezeiungen?

Es gab von Anfang an und es gibt zahlreiche kritische und sachliche Stimmen. Kompetente Stimmen zusätzlich zu den **Regierungsprognostikern in Berlin.**

Auf BR24.de erschien am 19. März 20 ein Artikel mit Titel:

„Deutscher Chefarzt klärt auf: „Corona nicht gefähr-

licher als Influenza".

„*Chefarzt* **Clemens Wendtner** *von der Klinik für Infektiologie in der München Klinik Schwabing hält die Gefährlichkeit des Coronavirus für überschätzt"*.

Wendtner geht davon aus, dass die Sterblichkeit deutlich unter einem Prozent liegt, eher sogar im Promillebereich. Eine ähnliche Größe wie bei der Influenza. Mit einer „*sehr, sehr gefährlichen Erkrankung habe das nicht viel zu tun"*.

„*Grundsätzlich sei das Virus ähnlich ansteckend wie das Influenzavirus – aber deutlich weniger infektiös als die Masern. Abstand halten und regelmäßiges Händewaschen reduziere das Risiko erheblich.*

Niemand müsse im Alltag Mundschutz tragen. „Das bringt gar nichts". (Später, als endlich genug Masken vorrätig waren, wurden die Masken gepriesen...)

Die Wahrscheinlichkeit, sich hierzulande mit Corona zu infizieren, sei, anders als bei der Gripppe, die alljährlich mehrere Hunderttausend Menschen trifft, sehr gering".

Viele Mediziner und Wissenschaftler reagieren kritisch auf den Umgang mit Corona.

Sie werden teils äußerst aggressiv und heftig angegriffen. Ist diese Art der Reaktion auf Kritik und „andere Meinungen" einer zivilisierten Gesellschaft würdig? Ich denke, nein.

Einer der Professoren ist **Prof. Dr. Sucharit Bhakdi**. Mehrere Interviews mit ihm und auch eigene Videos sind im Internet zu finden.

Prof. Bhakdi ist Mikrobiologe und Infektionsepidemiologe. Er studierte Medizin in Gießen, wechselte nach dem Studium als Assistent an das Max-Planck-Institut für Immunologie in Freiburg. Nach seiner Habilitation bekam er einen Lehrstuhl in Gießen. 1985 kam ein Ruf nach Kopenhagen, den er aus privaten Gründen ablehnte.

Schließlich war er von 1991 – 2012 Leiter des Instituts für medizinische Mikrobiologie und Hygiene an der Universität Mainz. Bhakdi zeigt sich entsetzt darüber, dass im Zuge der „Corona-Krise" nur wenige Menschen zu Rate gezogen werden und nicht umfassend über das Thema diskutiert wird.

Er kritisiert den Lockdown als nicht angemessene Reaktion. Übereinstimmend mit der Bundesregierung bejaht er die anfängliche Vorsicht. Aber es sei sehr schnell klar geworden, dass Cov 19 kein Killervirus sei.

Eine französische Studie habe laut Bhakdi herausgefunden, dass Cov 19 nicht gefährlicher sei als andere Viren. Dazu wurden zwei Gruppen gebildet. Eine mit Cov 19 und eine mit anderen Coronaviren.

Der Wissenschaftler zeigt sich auch verwundert darüber, dass das Robert-Koch-Institut die Untersuchung Verstorbener ablehnt.

Für ihn kommt es zur Bewertung entscheidend darauf an, ob jemand AN oder MIT Corona gestorben ist.

Verständnislos steht er der Tatsache gegenüber, dass sich gerade ein totalitärer Staat zeigt und erwartet, dass die Lage juristisch bewertet werden wird. Viele Menschen seien durch die völlig unnötigen Maßnahmen ruiniert und in ihrer Existenz bedroht.

Bhakdi fragt sich, wie in einem angeblich christlichen Land derart wenig Empathie oder gar Gleichgültigkeit gegenüber dem Unglück der Maßnahmengeschädigten möglich wäre.

Als Wissenschaftler und Mensch fühlt er sich herausgefordert, sich öffentlich zu äußern. Symptomatisch erscheint, dass lediglich das ZDF Mittagsmagazin ihn fragte, ob er ein kurzes Interview führen würde. Ganze fünf Minuten lang! Prof. Bhakdi lehnte dies ab, weil ihm zu wenig Zeit zur Verfügung gestanden hätte.

Weitere kompetente und kritische Stimmen:

Prof. Dr. Karin Mölling (Virologin):

Buch „*Die Supermacht der Lebens – Reisen in die erstaunliche Welt der Viren*" / Video Interviews

Professorin und Direktorin des Instituts für medizinische Virologie Uni Zürich, 7 J. Forschungsgruppenleiterin am Max-Planck-Institut für Molekulare Genetik Berlin

Prof. Dr. John A. Ioannidis (Gesundheitswissenschaftler und Statistiker an der Stanford University S.F.):

Artikel auf STAT: „*A fiasco in the making? As the Coronavirus pandemic takes hold, we are making decisions without reliable data*".

Ausführlicher auf „Blauer Bote Magazin"

Dr. Wolfgang Wodarg (Facharzt für Innere Medizin / Pneumologie, Sozialmedizin) Er unterhält eine sehr umfassende und informative Website:

www.wodarg.com

Er stellt u.a. neueste Recherchen zum massenhaften, überproportional häufigen Tod von Covid-19 Patienten mit dunkler Hautfarbe und aus südlichen Ländern sowie in New York, Stockholm, Madrid, Paris und anderen Städten und Ländern mit hohem Migrantenanteil vor.

Es ist „*...offenbar auch eine Folge einer medikamentösen Fehlbehandlung. Betroffen sind Menschen mit einem speziellen Enzymmangel, der vor allem bei Männern auftritt, deren Familien aus Regionen stammen, wo Malaria endemisch war oder ist.*

Sie werden derzeit mit Hydroxychloroquin, einem für sie unverträglichen Medikament behandelt, das jetzt überall auf der Welt im Kampf gegen Covid-19 eingesetzt wird"

Auf der Website finden sich zahlreiche Statistiken und Erklärungen.

Dr. Michael Spitzbart (renommierter Mediziner, Autor und Buchautor):

Veröffentlicht von Presse online:

„Wie WHO, Politik und Pharmaindustrie uns belügen"

„Ausgangssperre, Todesängste und Massenarbeitslosigkeit: in der Corona-Panik steht die Welt am Abgrund. Der renommierte Mediziner Michael Spitzbart meint jedoch: Corona ist kein Todesvirus, die Angst ein medial angefeuerter Hype.

Dabei geht Spitzbart auch mit dem ***omnipräsenten Chef der Virologie an der Berliner Charité, Prof. Christian Drosten****, hart ins Gericht. Am Ende der Hysterie gibt es wohl nur ein Superlativ: Die Profite der Pharmakonzerne."*

Prof. Dr. Stefan Hockertz (Pharmazeut, der als Immuntoxikologe 2001-04 an der Uni Hamburg tätig war. 2003/04 war er Direktor des Instituts für Experimentelle Pharmakologie und Toxikologie am Uni Krankenhaus Eppendorf):

Wichtige Videos zu **mRNA-Impfstoff** und Corona.

Prof. Dr. Sigwart Bigl (Impfexperte):

Interessante Statements auf „Blauer Bote Magazin – Wissenschaft statt Propaganda":

„Für so drastische Maßnahmen fehlen schlichtweg die Zahlen. Dass man Patienten mit Vorerkrankungen und ältere Menschen in Kranken- und Pflegeheimen besonders schützt, ist völlig in Ordnung und erforderlich. Grippe und Coronaviren, das ist bekannt, gefährden Ältere besonders.

Das Herunterfahren vieler Betriebe, die Schließung

von Schulen und Kindergärten und sogar Ausgangsbeschränkungen – für all das gibt es aber aus medizinischer Sicht keinen Grund. (..)

Das ist keine Pandemie. Eine Pandemie ist für viele Todesfälle verantwortlich. Das sehe ich nicht. Die Begrifflichkeit ist also nicht angebracht. Dann müssten wir auch bei der Grippe jedes Jahr so drastische Maßnahmen ergreifen".

Stimmen auf „Blauer Bote Magazin":

Prof. Dr. Dr. Martin Haditsch (Facharzt Mikrobiologie, Virologie und Infektionsepidemiologie, Österreich):

„Nach langer Bedenkzeit wende ich mich an die verbliebenen Vernunftbegabten.

Und ich möchte mir trotz möglicher Anfeindungen, Shit Storms oder Stigmatisierung das Recht nicht nehmen lassen, Kommentare von Journalisten, sogenannten Experten sowie Entscheidungen politischer Verantwortungsträger kritisch zu hinterfragen. (...) Prozentsatz von schweren Fällen und Todesraten um den Faktor 10 überschätzt. (...)

Wer das aktuelle Vorgehen fälschlicherweise als angemessen bewertet, müsste es anlässlich der jährlichen Influenza-Saison mit gleicher Konsequenz aufs Neue einfordern".

Prof. Dr. Stefan Homburg (Universität Hannover):

„Nach einer neuen Studie des RKI ist die Reproduktionszahl, die sie nannten, die angibt, wie viele Person-

en ein Infizierter ansteckt...vor dem Lockdown auf unter 1 gefallen. (...) Wenn man sich die Graphik anschaut, dann sieht man (...) am 20. März 20 ungefähr sinkt sie unter 1. Drei Tage später dann erst kam der Lockdown. Das war der 23. März 20. Und wenn man jetzt weiter schaut, dann sieht man, die Kurve bleibt mit kleineren Schwankungen so unter 1. Es ist nicht so, dass nach dem Lockdown die Kurve weiter runtergeht. Man kann deshalb zweierlei daraus schließen:

1. Der Lockdown war nicht nötig, weil die R-Zahl schon unter 1 war

***2. war der Lockdown auch nicht wirksam, weil sie durch den Lockdown nicht weiter gefallen ist*"**.

Prof. Dr. Klaus Püschel (Rechtsmediziner und Chef der Hamburger Rechtsmedizin):

„*Er untersucht mit seinem Team in Hamburg die Corona-Opfer: Nun hat der Hamburger Rechtsmediziner Klaus Püschel an Kanzlerin Angela Merkel appelliert, Deutschland langsam wieder aufzumachen.*

‚Jetzt ist der richtige Zeitpunkt‘, sagte Püschel dem ‚Hamburger Abendblatt".

Wichtiger Artikel auf Welt online vom 9. Mai 20:

„Corona-Patienten sterben überraschend oft an Embolien". Hier geht es um medizinische Behandlung.

„*Püschel spricht von seiner weltweit ersten vorgelegten Studie. Er erneuert seine These: ‚Das ist kein Killervirus, wir sind nicht im Krieg‘. ‚Dieses Virus beeinflusst in einer völlig überzogenen Weise unser Leben. Das steht in keinem Verhältnis zu der Gefahr, die vom Virus ausgeht' hatte er Anfang April geäußert".*

Prof. Dr. Jens Otto Lunde Jörgensen (Aarhus Universitetshospital, Dänemark):

„Wir hätten niemals den Stoppknopf drücken sollen. Kommentatoren und Montagstrainer müssen die Taschenlampe ausschalten: Der dänische Gesundheitsdienst hat die Kontrolle über die Situation.

Und die totale Abschaltung war ein Schritt zu weit".

Prof. Dr. Otfried Jarren (Institut für Kommunikationswissenschaft und Medienforschung der Uni Zürich, Präsident der Eidgenössischen Medienkommission in der Schweiz):

„Cov 19. Scharfe Kritik an ARD und ZDF wegen Berichterstattung zum Coronavirus. (...) Dadurch inszeniere das Fernsehen zugleich Bedrohung und exekutive Macht – und betreibe ‚Systemjournalismus'. (...)

‚Die Chefredaktionen haben abgedankt', folgert Jarren. In der Berichterstattung fehlten alle Unterscheidungen, die zu treffen und nach denen zu fragen wäre: Wer hat welche Expertise?

Wer tritt in welcher Rolle auf? Gesendet würden größtenteils einzelne Statements, eine echte Debatte zwischen Expertinnen und Experten entstehe nicht".

Prof. Dr. Gerd Bosbach (Professor für Statistik, Mathematik / Empirische Wirtschafts- und Sozialforschung und Mit-Autor des bekannten Buches „*Lügen mit Zahllen*"):

„Zunächst: Mit der Verdreifachung der Tests ergab sich auch etwas mehr als eine Verdreifachung der positiv Getesteten. Diese Verdreifachung wurde den Bürger*innen als Verdreifachung der Infizierten vorgeführt. *(…)*

Weitreichende Entscheidungen bedürfen gesicherter Grundlagen. Genau das ist bisher vernachlässigt worden. Die wiederholte Gleichsetzung der Zahl positiv Getesteter mit der Zahl der Infizierten vernebelt den Blick, die Zählweise bei Corona-Toten ebenfalls. (…)

Der Maßstab der Regierung, ab wann eine Abschwächung der Maßnahmen geboten ist, basiert auf einer Scheinzahl von Infizierten, die aber nichts mit der Realität gemein hat".

Prof. Dr. Wolfram Meyerhöfer (Professor für Mathematik-Didaktik):

„*'Wer rechnen kann und ein Zahlenverständnis hat, ist dem Schwindel der Statistik nicht wehrlos ausgesetzt. Das erweist sich gerade in der Corona-Krise als nützlich'*.

Meyerhöfer sieht ‚auch eine Krise der mathematischen Bildung'. ‚Wir sehen rasant steigende Infizierten-Zahlen, und diese Kurve ängstigt uns'. (…) ‚Es sind Zahlen, die Kontaktsperren und Geschäftsschließungen legitimieren'. (…) Meyerhöfer verweist auf den statistischen Umgang mit den Verstorbenen: ‚In der statistischen Praxis wird ein Mensch, der MIT Corona stirbt, als ein AN Corona Gestorbener gezählt. Ob er an Corona gestorben ist, geht daraus nicht hervor'".

Prof. Dr. Matthias Schrappe, Hedwig Francois-Kettner, Dr. Matthias Gruhl, Franz Knieps, Prof. Dr. Holger Pfaff, Prof. Dr. Gerd Glaeske (Thesenpapier zur Pandemie durch SARS-CoV-2/Covid -19)

„Die Zahl der gemeldeten Infektionen hat nur eine geringe Aussagekraft, da kein populationsbezogener Ansatz gewählt wurde, die Messung auf einen zurückliegenden Zeitpunkt verweist und eine hohe Rate nicht getesteter (v.a. asymptomatischer) Infizierter anzunehmen ist. (...) Die allgemeinen Präventionsmaßnahmen (z.B. social distancing) sind theoretisch schlecht abgesichert, ihre Wirksamkeit ist beschränkt und zudem paradox (je wirksamer, desto größer die Gefahr einer ‚zweiten Welle') und sie sind hinsichtlich ihrer Kollateralschäden nicht effizient".

Dr. Thomas Jefferson (Epidemiologe / Research Fellow der University of Oxford, GB):

„Tom Jefferson, ein Epidemiologe und ehrenamtlicher Forschungsstipendiat am Zentrum für Evidenzbasierte Medizin der Universität Oxford, sagte, die Ergebnisse seien ‚sehr, sehr wichtig'. Er sagte dem BMJ: ‚Die Stichprobe ist klein, und es werden mehr Daten zur Verfügung stehen.

Außerdem ist nicht klar, wie diese Fälle genau identifiziert wurden. Aber sagen wir einfach, dass sie verallgemeinerbar sind. Und selbst wenn sie zu 10% ausfal-

len, deutet dies darauf hin, dass das Virus überall ist. Wenn – und ich betone, wenn die Ergebnisse repräsentativ sind, dann müssen wir uns fragen: Warum zum Teufel sperren wir uns ein?'".

Prof. Dr. Knut Wittkowski (New York, USA):

„Sowohl in China als auch in Südkorea begann die soziale Distanzierung also erst lange, nachdem die Zahl der Infektionen bereits rückläufig war, und sie hat sich daher nur sehr wenig auf die Epidemie ausgewirkt.

Das bedeutet, dass man dort bereits Herdenimmunität erreicht hatte, oder man stand kurz davor, die Herdenimmunität zu erreichen. Sie stand unmittelbar bevor. Aber durch die Anordnung der sozialen Distanzierung verhinderten sie, dass es tatsächlich zum Endpunkt kam, weshalb wir auch einige Wochen nach dem Höhepunkt noch immer neue Fälle in Südkorea sehen".

Prof. Dr. Markus Schefer (Professor für Staatsrecht / Verwaltungsrecht Uni Basel, Schweiz):

„Solche Apps werden ja derzeit auf europäischer Ebene diskutiert. Und das zeigt schön die Problematik auf, die wir bereits angesprochen haben, vom Übergang in die neue Realität: die Frage, wie es nach dem Lockdown auf längere Sicht weitergehen soll.

Und wie das dann alles mit unseren Grundrechten vereinbar ist. Da wird es schnell viel problematischer, als es heute schon ist. Eine derartige App ist in der Tat hoch-problematisch. Denn damit könnte man 24-Stunden-Bewegungsprofile von Personen erstellen.

Somit wäre zwar die Rückverfolgbarkeit der Ansteckungskette wohl möglich. Gleichzeitig hätten Sie faktisch dasselbe Ergebnis, wie wenn sie uns alle rund um die Uhr observierten.

Bei derart schwerwiegenden Grundrechtseingriffen ist es Aufgabe des Staates, nach Methoden zu suchen, die vielleicht etwas weniger effektiv sind, aber dafür die Privatsphäre des Einzelnen viel weniger beeinträchtigen".

Prof. Dr. Michael Meyen (Professor Kommunikationswissenschaft / LMU München):

„Corona zeigt: Die digitalen Plattformen mögen wichtig sein, die Realität aber wird nach wie vor von den Leitmedien gesetzt.

Die Macht liegt bei denen, die es schaffen, ihre Version der Wirklichkeit in der Tagesschau zu platzieren, in der Süddeutschen Zeitung, im Spiegel, in der Zeit, in der Bild-Zeitung.

Wir haben gesehen, was passiert, wenn die Pressemitteilungen der Regierung zur Medienrealität werden, die großen Leitartikler mit den Politikern heulen und ihre kleinen Gefolgsleute jeden Abweichler im Netz als Verschwörer und Gesundheitsfeind brandmarken. Zustimmungsraten wie in Nordkorea".

Ein wichtiges Zitat, das in kurzen und knappen Worten

die Lage schildert. Die aufgeführten Zitate kompetenter Menschen aus Medizin, Wissenschaft u.a. Bereichen zeigen eines ganz deutlich:

Die Bundesregierung erlaubt sich, einen Weg zu gehen, ohne ausreichend kritische Stimmen gewürdigt zu haben, zu würdigen und zu berücksichtigen.

Weitere Kritiker sind

Dr. med. Marc Fiddike mit interessanten Videos

Dr. med. Gunter Frank (Arzt für Allgemeinmedizin und Naturheilverfahren)

2012 erschien G. Frank's Buch „*Schlechte Medizin* - „*Ein Wutbuch*"

Frank schreibt regelmäßig aus seiner Praxis und Vernetzung heraus über Corona auf www.achgut.de

Sein Bericht zur Coronalage vom 7. Mai 20 ist besonders interessant. Er zieht darin ein vorläufiges Fazit der medizinischen Risikoanalyse mit wichtigen Infos.

„*Die tragische Besonderheit von Covid-19, die auch für andere Viruspneumonien gilt, die nicht in einem solch öffentlichen Fokus standen, ist:*

Die auf vielen Intensivstationen übliche, schnelle Intubation bei Sinken der Sauerstoffblutsättigung trotz Ansprechbarkeit der Patienten, mit Narkose und maschineller Überdruckbehandlung, stellt einen eigenen Risikofaktor dar. Die zu frühe Intubation ist für die meisten Folgeschäden und für einen beträchtlichen Teil der Todesopfer verantwortlich zu machen. Diese Erkenntnis scheint sich nun international durchzusetzen und stellt einen bedeutenden Fortschritt für die zukünftige Behandlung von Viruspneumonien dar".

Hierzu passend, sehr erhellend und unbedingt lesenswert ist der Artikel des Verbandes Pneumologischer Kliniken mit dem Titel:

„Empfehlung zur Behandlung respiratorischer Komplikationen bei akuter Virusinfektion außerhalb der Intensivstation"

Dr. med. Claus Köhnlein:

Dr. med. Köhnlein's Buch „*Der Virus-Wahn*" in einer erweiterten Neuauflage.

Auf „Politikstube" findet man ein Video, in dem er sich auch zu Bill Gates äußert und ein Artikel von Jens Wernicke:

„Wenn das Corona Virus keine echte Bedrohung darstellen würde, wie könnte es dann sein, dass die Politik Maßnahmen verhängt, die mit dem Grundgesetz nicht vereinbar sind und viele Menschen in finanzielle, psychische und gesundheitliche Krisen stürzen?

Dr. med. Claus Köhnlein erklärt in einem Interview, wie ein ungenauer Test, umdefinierte Todesfälle, ein Aufschrei interessensgebundener Medien und politischer Aktionismus zu einer Krise geführt haben, wie wir sie noch nie erlebt haben.

Und die nicht durch ein Virus zu begründen ist".

Wir erleben eine beispiellose Zeit. Nichts ist, wie es war und man will uns suggerieren, dass es auch nie wieder so werden würde, wie es war. Gut, das eine oder auch andere könnte dauerhaft verändert werden. Videokonferenzen wären z.B. sicher in viel mehr Fällen sinnvoll als bisher umgesetzt. Wir müssen nicht pausenlos um die Welt jetten. Aber das sind ja nur Randerscheinungen.

Es geht um Prinzipielles und Grundsätzliches, nämlich um unsere freiheitlich-demokratische Grundordnung. Diese steht auf dem Spiel und wurde mir nichts, Dir nichts, unversehens zum Spielball der Politik.

Die Sache scheint System zu haben. Wenn wir uns anschauen, wie grundlegende Änderungen und Veränderungen von oben verordnet wurden in den vergangenen Jahren nach dem Prinzip Ordre de Mufti, können wir erahnen, was hier wieder einmal abzulaufen scheint.

Vergleiche zwingen sich förmlich auf!

Migration und Energiewende... Die Vorgehensweise erscheint immer gleich. Keine sachliche Diskussion!

Apokalyptische Szenarien und alternativlose Lösungen über aller Köpfe hinweg. Strategiegewinnler. Das Volk muss sich fügen. Was es ja zu einem nicht unerheblichen Teil auch ohne Murren, ja oftmals geradezu mit Begeisterung, tut. Zu eingängig die Argumente, als dass sie infrage gestellt würden. Man will natürlich gern Gutmensch sein und selbstverständlich ist man ohne Frage für die Weltrettung!

Suggestion ist alles…

Woher kommt diese eigenartige Trägheit, ein Unwille, sich sachlich und differenziert zu informieren?

Die Fähigkeit und der Wille zu sachlichen, kontroversen Diskussionen scheint dieser Gesellschaft abhandengekommen zu sein.

Wohin man schaut, Zerwürfnisse aufgrund verschiedener Meinungen. Es fällt sehr schwer, Talk-Shows bis zum Ende zu verfolgen. Jeder fällt jedem ins Wort und verachtet, was der „Gegner" zu sagen hat.

Ein sehr fragwürdiges Niveau!

Wie konnte sich in einer freiheitlich-demokratischen Republik eine Einheitsfront bilden, die das Blickfeld dergestalt einschränken will, dass alles versucht wird, Kritiker dieser Einheit zu diffamieren, mundtot zu machen und wie Aussätzige auszugrenzen?

Mit welcher geradezu sadistisch anmutenden Lust scheint das unternommen zu werden?

Auffällt, dass, wer einmal als Gegner des angesagten „Mainstreams" identifiziert ist, sagen, tun und lassen kann, was er will, auch wenn zweifelsfrei feststeht, dass es vernünftig ist und Hand und Fuß hat, keine Chance mehr auf Gehör und Akzeptanz hat.

Fällt wirklich niemandem auf, dass diese Art des Umgangs nichts anderes ist, als ein großer zivilisatorischer Schritt zurück in alte Zeiten, die wir alle überwunden glaubten? Erstaunlicherweise gefallen sich in dieser

Handlungsweise gerade auch jene, die vorgeben, sich für die pure Freiheit und Toleranz einzusetzen.

Kann es also sein, dass, nach vorheriger Betrachtung des Mainstreams, es ganz klar gewünscht ist, dass unsere Gesellschaft ins gesellschaftliche und wirtschaftliche Chaos gestürzt wird durch Maßnahmen der Regierung?

Auf Bundesseiten findet sich Interessantes zur „Großen Transformation".

Warum wird denn ausgerechnet **dieser** Begriff bemüht?

Die WBGU, der Wissenschaftliche Beirat der Bundesregierung / Globale Umweltveränderungen spielt da eine besondere Rolle.

Auf deren Website finden wir unter:

„Transformationsverständnis der WBGU:

Die WBGU begreift den nachhaltigen weltweiten Umbau von Wirtschaft und Gesellschaft als ‚Große Transformation'.

Auf den genannten zentralen Transformationsfeldern MÜSSEN (von PD in Großbuchstaben gesetzt) Produktion, Konsummuster und Lebensstile so verändert werden, dass die globalen Treibhausgas-Emissionen im Verlauf der kommenden Dekaden auf ein absolutes Minimum sinken und klimaverträgliche Gesellschaften entstehen können. ***Das Ausmaß des vor uns liegenden Übergangs ist kaum zu überschätzen.***

Er ist hinsichtlich der ***EINGRIFFSTIEFE*** *(von PD in Großbuchstaben gesetzt) vergleichbar mit den beiden fundamentalen Transformationen der Weltgeschichte: der Neolithischen Revolution, also der Erfindung und Verbreitung von Ackerbau und Viehzucht, sowie der Industriellen Revolution, die von Karl Polanyi (1944) als ‚Great Transformation' beschrieben wurde und den Übergang von der Agrar- zur Industriegesellschaft beschreibt".*

Zu Polanyi: Der ungarisch-österreichische Wirtschaftssoziologe plädiert für einen Sozialismus, der Arbeit, Boden und Geld dem Markt entzieht und „demokratisch" kontrolliert. Demokratischer Sozialismus, um 1920 gegründet, sieht Demokratie und Sozialismus als Einheit.

Polanyi wurde 1886 in Wien geboren. Er studierte zunächst Jura und Philosophie in Budapest und arbeitete als Redakteur in Wien. Er beschäftigte sich mit volkswirtschaftlichen und wirtschaftshistorischen Themen. 1933 ging er nach Großbritannien. Ab 1947 Gastprofessor der Columbia University New York. 1964 starb er in Toronto. Eines seiner Werke ist:

„The Great Transformation".

www.karlpolanyisociety.com

Polanyi war sicher ein ehrenwerter Mann, jedoch sollte sich jeder seine eigenen Gedanken darüber machen, was es für unsere freiheitliche, demokratische Gesellschaft im Einzelnen bedeuten könnte, wenn sich unsere Bundesregierung Herrn Polanyi auf ihre

Fahnen geschrieben hat.

Kann es so etwas wie einen „demokratischen Sozialismus“ überhaupt geben oder ist er reine Utopie?

Im Sozialismus sind individuelles abweichendes Streben und Denken nicht vorgesehen.

Jeder hat sich der Idee des Sozialismus mit seinem Sein zu unterwerfen. **Es gibt keine Wahl. Dass wir bereits auf diesem Weg zu sein scheinen, zeigt der Umgang mit Meinungsfreiheit in unserem Land deutlich.**

Es gab und gibt weltweit KEIN sozialistisches Gesellschaftssystem bzw. Experiment, wo dies jemals anders praktiziert worden wäre.

Erscheint es also denkbar, dass die Bundesregierung, im Verbund mit existierenden Kreisen weltweit, durchaus in einem „sozialistischen Transformationsbewusstsein“ den fast vollständigen Lockdown durchgesetzt haben könnte? Leichter kann man eine Gesellschaft ja nicht an den Tropf des Staates binden.

Auf der Seite der „Bundeszentrale für Politische Bildung“ finden wir die Folgen 1-6 der Dokumentation „Der Kapitalismus“ von Ilan Ziv.

Die 6. Folge behandelt Karl Polanyi mit folgender Beschreibung: „*Der ungarische Wirtschaftshistoriker und Wissenschaftler Karl Polanyi war seiner Zeit wahrscheinlich weit voraus:*

Seine Warnung davor, dass die Gesellschaft der Wirtschaft dienen werde und nicht umgekehrt, findet im

21. Jh. mehr Gehör als zu seinen Lebzeiten.

Polanyis Untersuchungen über die antiken Gesellschaften der Sumerer und Babylonier können aufschlussreiche Erkenntnisse über die Welt nach 2008 liefern, in der verschuldete Staaten große Sparanstrengungen unternehmen müssen und demokratisch gewählte Volksvertreter den anonymen Entscheidungen der Finanzmärkte weitgehend machtlos ausgeliefert sind".

Polanyi's Ideen in Ehren, aber Sozialismus führt ein Gemeinwesen erwiesenermaßen leider nicht zu einem dauerhaften Wohlstand. Genauso, wie es unangenehme „Kapitalhaie" gibt, treiben „Sozialhaie", die ebenfalls an nichts anderem interessiert sind, als an sich selbst und ihrer Macht, ihr zerstörerisches Unwesen. Sozialist*innen sind keine besseren Menschen.

Genügend Hinweise darauf, wo die Reise hingehen soll, gibt es also zuhauf. Soll es **endlich die irreversible Reise** in den weltbeglückenden Sozialismus werden?

Endlich weltweit? Dann hat sich die „Qual der Wahl" endgültig erledigt. Es gibt dann keine Wahl mehr.

Nochmals meine Frage: **Was bedeutet demokratischer Sozialismus denn real**? Demokratie bedeutet, eine Wahl zu haben. Eine solche gibt es nicht im Sozialismus. Eine Entscheidungsbefugnis des Souveräns, des „Volkes" ist im Sozialismus eng begrenzt. Sie steht sozusagen immer unter **„Sozialismusvorbehalt". Eine neue „Elite", eben die sozialistische, bestimmt, was für mich gut und richtig ist, gegen wen ich zu sein und**

gegen wen ich zu kämpfen habe. Nein, danke.

Auf Wikipedia finden wir u.a. zum Demokratischen Sozialismus folgendes:

Im Erfurter Programm der SPD lesen wir unter Federführung Karl Kautzkys:

„Nur die Verwandlung des kapitalistischen Privateigentums an Produktionsmitteln (...) in gesellschaftliches Eigentum, und die Umwandlung der Warenproduktion in sozialistische, für und durch die Gesellschaft betriebene Produktion kann es bewirken, *dass der Großbetrieb und die stets wachsende Ertragsfähigkeit der gesellschaftlichen Arbeit für die bisher ausgebeuteten Klassen aus einer Quelle des Elends und der Unterdrückung zu einer Quelle der höchsten Wohlfahrt und allseitiger harmonischer Vervollkommnung werde*".

Ein ausgewogenes Miteinander in unternehmerischer Freiheit ist mir lieber... Das geht auch ohne Ideologie.

Hochinteressant ist die, in sich total widersprüchliche, Einlassung der revolutionären Sozialistin der Spartakusgruppe Rosa Luxemburg zum Vorgehen der Bolschewiki und sozusagen als Vorausschau des Erwartbaren in einer Gesellschaft, die ihre Eigenverantwortlichkeit abgegeben hat:

„Freiheit nur für die Anhänger der Regierung, nur für die Mitglieder einer Partei – und mögen sie noch so zahlreich sein – ist keine Freiheit. ***Freiheit ist immer die Freiheit des Andersdenkenden*** *(...) Ohne allgemeine*

Wahlen, ungehemmte Presse und Versammlungsfreiheit, freien Meinungskampf, erstirbt das Leben in jeder öffentlichen Institution, wird zum Scheinleben, in der die Bürokratie allein das tätige Element bleibt.

Das öffentliche Leben schläft allmählich ein, einige Dutzend Parteiführer von unerschöpflicher Energie und grenzenlosem Idealismus dirigieren und regieren, unter ihnen leitet in Wirklichkeit ein Dutzend hervorragender Köpfe, und eine Elite der Arbeiterschaft wird von Zeit zu Zeit zu Versammlungen aufgeboten, um den Reden der Führer Beifall zu klatschen, vorgelegten Resolutionen einstimmig zuzustimmen, im Grunde also eine Cliquenwirtschaft – eine Diktatur allerdings, aber nicht die Diktatur des Proletariats, sondern die Diktatur einer Handvoll Politiker, d.h. Diktatur im rein bürgerlichen Sinne, im Sinne der Jakobinerherrschaft.

Es ist die historische Aufgabe des Proletariats, wenn es zur Macht gelangt, anstelle der bürgerlichen Demokratie sozialistische Demokratie zu schaffen, nicht jegliche Demokratie abzuschaffen. Sozialistische Demokratie beginnt aber nicht erst im gelobten Lande, wenn der Unterbau der sozialistischen Wirtschaft geschaffen ist, als fertiges Weihnachtsgeschenk für das brave Volk, das inzwischen treu die Handvoll sozialistischer Diktatoren unterstützt hat.

Sozialistische Demokratie beginnt zugleich mit dem Abbau der Klassenherrschaft und dem Aufbau des Sozialismus. ***Sie beginnt mit dem Moment der Machteroberung durch die sozialistische Partei. Sie ist nichts anderes als die Diktatur des Proletariats".***

Rosa Luxemburg ist zu keinem Zeitpunkt bewusst, dass sie eine Diktatur bloß durch eine andere, **ihren** Ideen folgende, ersetzt. **Sie begreift nicht, dass es nur EINE Art von Demokratie geben kann und das ist NICHT die ideologisch beeinflusste, sondern die freie.**

Wer nach dem Lesen der letzten Absätze noch keine Magenschmerzen bekommen hat, begreift offensichtlich nicht, was sich in Deutschland, Europa und in der Welt offenbar zusammenbraut.

Unsere Bundeskanzlerin äußerte sich auf dem World Economics Forum in Davos folgendermaßen:

„Die gesamte Art des Wirtschaftens und das Leben, wie wir es uns angewöhnt haben, werden wir in den nächsten 30 Jahren verlassen" und vor uns lägen „Transformationen von gigantischem, historischem Ausmaß".

Niemand aus den Reihen des „Souveräns" wird dazu befragt. Wie eine Zwangsjacke soll „die große Transformation" über die Bevölkerung gestülpt werden.

Wer das anders sieht, sollte nach Meinung einiger in die Klapse kommen. Das wurde bereits vom Psychotherapeuten Fabian Chmielewski vorgeschlagen, wie im **Journal der Bayrischen Landeskammer der Psychologischen Psychotherapeuten** zu lesen steht. Titel:

„Die Verleugnung der Apokalypse – der Umgang mit der Klimakrise aus der Perspektive der Existentiellen Psychotherapie"

Chmielewski bezieht sich in seinem Artikel auch auf die „Klimaleugner“. Von diesen geht seiner Meinung nach eine „akute Eigen- und Fremdgefährdung aus“.

Dieser Begriff entbindet Therapeuten von der Schweigepflicht und rechtfertigt psychotherapeutische Interventionen.

Mit anderen Worten heißt das bei Chmielewski:

Klimaleugner sind krank?

Sogenannte „Corona-Leugner“, also jene, die fundiert anderer Meinung sind, sind dann auch krank? Wer kritisch hinterfragt, ist ein kranker Leugner?

Wir sollten uns alle ernsthaft fragen, welche Agenda, sozusagen „meta-gesellschaftlich“, hinter der kategorischen Ablehnung von Kritik wirklich steht.

Die erträumte **„Große Transformation“** scheint tatsächlich schon lange in die Wege geleitet zu sein.

Florian Joseph Hoffmann, Rechtsanwalt mit den Spezialgebieten Wirtschaftsrecht / Kartellrecht, hat am 3. Februar 20 einen erhellenden Artikel auf „The European“ verfasst unter dem Titel:

„Ludwig Erhard und Soziale Marktwirtschaft adé?“

*„Den Weg in die aktuelle Politik fand dieser Begriff und sein inhaltlicher Ansatz dann im Jahr 2007 im sogenannten ‚**Potsdam – Memorandum**‘, verfasst vom seinerzeitigen Leiter des Potsdam-Instituts für Klimafolgenforschung, **Hans Schellnhuber**.*

***Im Jahr 2011 wurde aus dem Memorandum ein 446-seitiges sogenanntes ‚Hauptgutachten' des Wissenschaftlichen Beirat der Bundesregierung Globale Umweltveränderungen** (WBGU). Damit wurde die Große Transformation zum quasi-amtlichen Fahrplan merkelscher Wirtschaftspolitik und sein Verfasser als Mitglied des Beirats wichtiger Berater der Bundeskanzlerin*".

Wir können also davon ausgehen, dass die politische „Führung" genau weiß, was sie tut und will.

Sekundiert wurde diese Agenda im Tagesthemen Kommentar des ARD Chefredakteurs Rainald Becker am 7. März 20 zur Corona-Krise:

„All diesen Spinnern und Corona-Kritikern sei gesagt: Es wird keine Normalität mehr geben!"

„*Madonna, De Niro und rund 200 andere Künstler und Wissenschaftler fordern zu Recht, nach der Corona-Krise Lebensstil Konsumverhalten und Wirtschaft grundlegend zu verändern*".

Einen derart dummen Spruch loszulassen, ist mehr als peinlich von einem Chefredakteur des zwangsfinanzierten öffentlichen ARD Fernsehens! Er entblödet sich nicht, zum Teil superreiche, im Luxus lebende Stars anzuführen. Es verschlägt einem den Atem!

Millionen Kurzarbeiter und Arbeitslose in Deutschland, die sich nach ihren Jobs sehnen, damit sie das Leben ihrer Familien halbwegs aufrechterhalten können und ein davon gänzlich unbetroffener Schwätzer kommt daher und will die Wirtschaft nachhaltig ändern. Mir erscheint das Gewäsch von Herrn Rainald Becker wie eine Verhöhnung geschädigter und ruinierter Menschen, Familien und Unternehmen.

Becker und andere scheinen förmlich nach der Großen Transformation, die Merkel offensichtlich unterstützt, zu lechzen. Panegyrik vom Allerfeinsten!

Bemerkenswert und irritierend ist nur, dass Frau Dr. Angela Merkel und Genoss*innen so ganz auf Großkapitalisten vom Schlage eines Bill Gates und George Soros abfahren!

Interessant auch die Frage, wo bitte ganz unzweideutig zu lesen steht, WIE der Sozialismus gesellschaftlich ganz konkret funktionieren soll. Er erscheint immer nur wie eine Chimäre, eine Nebelkerze, ein Luftschloss.

Niemand erklärt, wie es möglich sein soll, eine Volkswirtschaft von „unten", also proletarisch, zu führen.

Wir sollten begreifen, dass es hier einen größeren Zusammenhang geben muss. Diese Corona-Krise steht nicht alleine im Raum. Sie ist eingebettet in ein Muster, das wir inzwischen erkennen können – und das uns sehr aufmerksam machen sollte.

Geplant ist eine Art Ping-Pong-Spiel, je nach Infektionszahlen. Eine Art On-Off-Wirtschaft, eine On-Off-Gesellschaft soll die „Neue Normalität" werden?

Der Medienstar Virologe Prof. Drosten ist ein großer Befürworter dieses Spiels mit der Freiheit.

Kein Wirtschaftssystem hält das lange aus.

Kann eine solche Politik etwas anderes im Sinn haben als die Zermürbung des Gesellschaftssystems?

Wo steht die Justiz in diesen surrealen Zeiten?

Am 3. Mai erschien ein Artikel auf ntv.de:

„Rechtsstaat funktioniert. Richterbund weist Brauns Kritik zurück."

Was war passiert?

„Der Deutsche Richterbund hat verärgert auf die Kritik von Kanzleramtsminister Helge Braun an der gerichtlichen Aufhebung einzelner Coronavirus-Auflagen reagiert. Die Bundesregierung ‚sollte sich darüber bewusst sein, dass eine Korrektur unverhältnismäßiger Maßnahmen durch die Gerichte gerade in der aktuellen Ausnahmesituation erkennen lässt, dass der Rechtsstaat funktioniert'.

Das erklärten die Vorsitzenden des Richterbunds, Barbara Stockinger und Joachim Lüblinghoff.

‚Der Deutsche Richterbund geht davon aus, dass die vom Kanzleramtschef geäußerte Kritik nicht von der Bundeskanzlerin geteilt wird', erklärten die Verbandschefs weiter.

*Bürger*innen und Unternehmen würden sich in wachsender Zahl an die Gerichte wenden, um die Corona-Maßnahmen überprüfen zu lassen.*

‚Das spricht für das große Vertrauen der Menschen in die Gerichte'.

CDU-Politiker Braun hatte zuvor Gerichte kritisiert, die in den vergangenen Tagen einzelne Maßnahmen des Corona-Lockdowns aufgehoben hatten.

‚Ich verstehe und akzeptiere jedes einzelne Urteil', sagte Braun der ‚Welt am Sonntag'. ‚Aber ich empfinde es schon als Herausforderung, wenn sich Gerichte auf den Gleichheitsgrundsatz berufen, um einzelne unserer Maßnahmen aufzuheben oder zu modifizieren'".

Die Justiz also als Herausforderung, wenn sie nicht im Sinne der Regierung entscheidet? Leider kann die Regierung diese unabhängigen Entscheidungen nicht „rückgängig" machen, möchte man etwas ironisch anfügen.

Wir haben eine Bundeskanzlerin in Afrika erlebt, die, unzufrieden mit einem Wahlausgang in Thüringen 2019, öffentlich vor aller Welt gefordert hat, die Wahl „rückgängig" zu machen. Das wurde von vielen beklatscht und der gewählte Ministerpräsident trat schließlich ab, obwohl das linke Lager nicht die Mehrheit hatte.

Ein Verfassungsschutzpräsident, der es wagte, Wahrheiten auszusprechen, Hans-Georg Maaßen, wurde aus dem Amt gejagt.

Was für Methoden sind das?

Dazu passen die Änderungen beim Infektionsschutzgesetz – Gesetz zur Verhütung und Bekämpfung von Infektionskrankheiten beim Menschen:

Im Eiltempo wurden die Beschlüsse in der letzten Märzwoche durch ein verkleinertes Parlament gejagt. Neben „harmlosen" Änderungen gab es auch solche, die zumindest fragwürdig sind.

Im §28 wurde ein wichtiger Halbsatz gestrichen, der die Verpflichtung, Orte nicht zu verlassen oder zu betreten betrifft. Bislang durfte diese Maßnahme nur so lange gelten, „bis die notwendigen Schutzmaßnahmen getroffen sind". Genau dieser Halbsatz wurde gestrichen, um diese Beschränkungen auch unabhängig von Maßnahmen längere Zeit aufrechterhalten zu können.

Der Bundestag hat das Grundrecht „Freizügigkeit" mit in den Katalog der einschränkungsfähigen Grundrechte nach Artikel 11 GG mit hineingenommen.

Mit den Änderungen im ISG konterte Gesundheitsminister Spahn die wachsende Kritik an der Auslegung des Gesetzes. **Rechtsanwalt Nico Härting in Tagesschau.de 24. März**: „*Es geht dem Bundesgesundheitsministerium doch ersichtlich darum, rechtswidrige Maßnahmen im Nachhinein zu legalisieren*".

„Im Blickpunkt" vom 23. März 20 heißt es:

Bei ihrer am 22. März verfügten neun Punkte umfassenden Notstandsverordnung beriefen sich Bundes- und Landesregierungen auf das Infektionsschutzgesetz. In Zeiten der unbedingt notwendigen Corona-Bekämpfung hört sich das natürlich besser an, als zuzugeben, was man wirklich vorhat:

Im Windschatten der Pandemie weitere bürgerlich-demokratische Rechte und Freiheiten außer Kraft setzen und die Bevölkerung an Notstandsmaßnahmen zu gewöhnen, die vor allem zur Bekämpfung ‚innerer Unruhen' und ‚Aufstände' in den Schubladen liegen.

Jungprofessorin Andrea Ederharter kritisiert:

„Tatsächlich berufen sich Regierungen und Behörden stets auf §28 dieses Gesetzes. Er erlaubt, dass gegenüber Infizierten der Verdachtsfälle besondere Schutzmaßahmen ergriffen werden können.

Aber das kann nicht für 82 Mill. Menschen gelten, die - trotz steigender Fallzahlen in Deutschland – zum jetzigen Zeitpunkt dennoch in der Mehrheit gesund sind. ...Diese Passage zielt ganz klar auf zeitlich und räumlich sehr eng eingegrenzte Beschränkungen.

...Aber eine wochenlange Einschränkung der Bewegungsfreiheit für ein ganzes Land lässt sich daraus auf keinen Fall ableiten..."

„Das ist seit 1945 der bisher weitestgehende Abbau bürgerlich-demokratischer Rechte und Freiheiten nach der Verabschiedung der Notstandsgesetze 1968. Neu ist auch die sofortige und umfassende praktische Anwendung gegenüber der Masse der Bevölkerung.

Durch eine Änderung der Geschäftsordnung kann der Bundestag Beschlüsse fassen mit einem Viertel der Bundestagsmitglieder". Das ist bedenklich und die Frage stellt sich, WER genau abstimmen kann.

Die Bundesregierung hat es sich in aller Schnelle sehr leicht gemacht, die meisten Grundrechte von jetzt auf eben aussetzen zu können.

Bei jedem Vorbeihüpfer eines virusähnlichen Objekts, von dem dann einfach angenommen werden kann, es gäbe mehr davon und es könne sehr schädliche Wirkung auf die Bevölkerung haben, kann zukünftig der Vorhang unversehens fallen und wir sind gefangen. Das sind keine guten Aussichten.

Infektionsschutzgesetz Abschnitt 12 §60:

Versorgung bei Impfschaden und bei Gesundheitsschäden durch andere Maßnahmen der spezifischen Prophylaxe.

(1) **Wer durch eine Impfung oder eine andere Maßnahme der spezifischen Prophylaxe**, die

1. von einer zuständigen Landesbehörde öffentlich empfohlen und in ihrem Bereich vorgenommen wurde,

2. aufgrund dieses Gesetzes angeordnet wurde,

3. gesetzlich vorgeschrieben war oder

4. aufgrund der Verordnungen der Ausführung der Internationalen Gesundheitsvorschriften durchgeführt worden ist,

eine gesundheitliche Schädigung erlitten hat, erhält nach der Schutzimpfung wegen des Impfschadens im Sinne des §2 Nr. 11 oder in dessen entsprechender

Anwendung bei einer anderen Maßnahme wegen der gesundheitlichen und wirtschaftlichen Folgen der Schädigung auf Antrag Versorgung in entsprechender Anwendung der Vorschriften des Bundesversorgungsgesetzes, soweit dieses Gesetz nichts Abweichendes bestimmt

Vielleicht ist nicht jedem klar, was das zukünftig bedeuten kann. Könnte es etwa bedeuten, dass Bill Gates' Wunsch in Erfüllung geht und wir alle zwangsgeimpft werden dürfen, sollte dies so beschlossen werden. Mit einem Impfstoff, der möglicherweise nicht intensiv und lange genug getestet wurde, weil er ja angeblich dringend benötigt wird?

Es ist durchaus angedacht, eine Impfung mit Reiseerlaubnis zu verknüpfen.

Von Interesse ist auch der **§15a Durchführung der infektionshygienischen und hygienischen Überwachung.**

Man sollte ihn gelesen und sich vertraut gemacht haben. Am besten das ganze Gesetz lesen.

Wir können nur hoffen, dass es in Zukunft seriöse Politiker*innen gibt, die sehr genau abwägen, was sie der Bevölkerung zumuten oder nicht.

Auf der Website www.matthias.schrappe.com ist das **Thesenpapier 2.0 (77 Seiten):**

„Die Pandemie durch SARS-Cov-2 / Covid-19" Datenbasis verbessern

Prävention gezielt weiterentwickeln

Bürgerrechte wahren"

einsehbar und am 3. Mai 20 gezeichnet von

Prof. Dr. med. Matthias Schrappe / Hedwig Francois-Kettner / Franz Knieps / Prof. Dr. phil. Holger Pfaff / Prof. Dr. med. Klaus Püschel / Prof. Dr. rer. nat. Gerd Glaeske.

Die Wissenschaftler sprechen sich gegen die „Dramatisierung" der Corona-Situation aus.

„Nach den Prinzipien der Risikokommunikation ist in einer solchen Situation ein sachlicher und gelassener Austausch von Argumenten geboten, der nichts beschönigt, aber auch nichts unnötig dramatisiert.

Alle Beteiligten müssen darauf hinwirken, dass es nicht zu geschlossenen Argumentationsketten kommt, die anderslautenden Nachrichten keinen Raum mehr geben können".

These 1:

Das Coronavirus sei eine typische Infektionskrankheit. Allerdings liege kein Grund vor, alles Soziale zu verbieten und alle Regeln über Bord zu werfen.

Es werden Kontaktsperren und soziale Isolation kritisiert. Kreative Alternativen gäbe es.

Die Wissenschaftler sind sich einig, dass einige erlassene Maßnahmen in wesentliche Freiheitsrechte eingreifen. Zahlen seien verbesserungswürdig.

Artikel vom 9. Mai 20 in den Deutschen Wirtschafts-Nachrichten mit Titel:

„Corona-Folgen: Droht eine Impfpflicht durch die Hintertür?"

„Nach dem ‚Entwurf eines Zweiten Gesetzes zum Schutz der Bevölkerung bei einer epidemischen Lage von nationaler Tragweite' des Infektionsschutzgesetzes sollen die Bundesbürger durch eine sogenannte ‚Immunitätsdokumentation' belegen können, das von ihnen keine Infektions-Gefahr für die Gesellschaft ausgeht".

*„Der **‚Verein Ärzte für individuelle Impfentscheidung'** kritisiert die geplanten ‚Immunitätsdokumentation': Aktuell ist völlig unklar, ob Antikörper gegen SARS-CoV-2, die im Blut von Menschen nachgewiesen werden können, überhaupt eine Immunität und einen Schutz vor erneuter Ansteckung bedeuten.*

Selbst wenn ein Schutz angenommen wird, ist dessen Dauer nicht bekannt. Es fehlt auch jede belastbare Evidenz, dass Antikörper das Risiko, SARS-CoV-2 auf andere Menschen zu übertragen, vermindern".

*„Eine allgemeine Impfempfehlung ist nur zu verantworten, wenn Sicherheit und Wirksamkeit der Impfung **ausreichend untersucht** sind, und wenn geklärt ist, wie der bereits natürlich immunisierte Teil der Bevölkerung von der Impfung ausgenommen werden kann. Die Forderung nach einer Impfpflicht, mit der sich einige Politiker bereits an die Öffentlichkeit gewandt haben, halten wir für unethisch, denn sie bricht*

das Recht auf körperliche Unversehrtheit als verbrieftes Grundrecht. ***Zusammenfassend entbehrt eine Impfpflicht gegen SARS-CoV-2 jeder Grundlage*** *".*

Prof. Dr. Jörg Hülsmann (Professor für Ökonomie Uni Angers / Frankreich, Senior Fellow des Ludwig von Mises Institut in Auburn/Alabama, Mitglied der Europäischen Akademie für Wissenschaften und Künste, Mitglied im wissenschaftlichen Beirat des Ludwig von Mises Instituts Deutschland)

www.guidohulsmann.com

„***Ein Protest aus Frankreich***" vom 4. Mai 20 ist ein Beitrag auf der Ludwig von Mises Institutsseite und sehr erhellend, weil über den Tellerrand hinausschauend.

Sehr gute und nachvollziehbare Argumentation aus wirtschaftswissenschaftlicher Sicht.

Artikel vom 7.Mai 20 auf Achgut.com mit Titel:

„Anders Tegnell: Der Stachel im Fleisch von Corona"

„Anders als fast alle westlichen Staaten hält man im Tegnell-Schweden nichts von radikalen Massen-Quarantänen mit wochenlangen Ausgangssperren und Kontaktverboten. Shutdowns mit extremen Freiheitsbeschränkungen und einer ruinösen Vollbremsung der Volkswirtschaft kritisiert Tegnell offen als Fehler.

Eine ‚Pumpbromsa'-Strategie wie in Deutschland sei der falsche Weg. Pumpbromsa heißt im Schwedischen die Stotterbremse – man könne ganze Gesellschaften nicht erst voll bremsen, dann wieder anfahr-

en und möglicherweise nochmal vollbremsen. Tegnell hält pauschale Abschottungen an Grenzen oder Schulschließungen für ‚völlig sinnlose Maßnahmen'".

Artikel vom 9. Mai 20 auf Achgut.com von Dr. med. Gunter Frank mit Titel:

„Das Corona-Papier: Wie das Innenministerium das Risiko heraufbeschwor"

Ein Ministeriumsmitarbeiter des Innern bat Dr. med. Gunter Frank, ihn bei der Erstellung einer medizinischen Schadensanalyse zu unterstützen.

Das geschah unter Mitwirkung kompetenter Kollegen und es wurde binnen einer Woche **„eine belastbare, fachlich hochkompetente Einschätzung der medizinischen Folgeschäden des Lockdowns" erstellt.**

„Das Ergebnis überrascht keinen Experten: Der Schaden wird, rein medizinisch betrachtet, viel höher sein, als ihn Corona je hätte verursachen können".

„Das in die Ministerialbürokratie gestartete Papier führte nach nur zwei Stunden zu einer Antwort aus dem Ministerium an alle beteiligten Wissenschaftler".

Der Mitarbeiter habe keinen Auftrag gehabt und das Papier gäbe nur dessen private Auffassung wieder.

Das Innenministerium hat diesen Mitarbeiter nun angeblich zunächst freigestellt.

Man sollte diesen Fall genauer verfolgen. **Hochkompetente Wissenschaftler und Mediziner erstellen eine**

Analyse und das Innenministerium will sich nicht dafür interessieren. Der Mitarbeiter hat über Wochen versucht, sich Gehör zu verschaffen, gerade WEIL die Mitarbeiter durch Seehofer aufgefordert wurden, kritisch mitzudenken. **War das nur Rhetorik?**

Der Bundestagsabgeordnete **Helge Lindh, SPD**, bezeichnete „*wortreich und geistesarm*", um seine eigenen Worte zu benutzen, die beteiligten Wissenschaftler als ***„renitent***"... und beschwor gleichzeitig die Meinungsfreiheit...

Die Website Achgut.com prangert er als „*Achse des Bösen*" an. Wer diese Seite nicht kennt, sollte sich ein eigenes Bild machen...

Darf die Bundesregierung also einfach eine solche Analyse ignorieren? Hat der Souverän kein Recht darauf, nach bestem Wissen und Gewissen „regiert" zu werden? DAS INNENMINISTERIUM BREMST AUS!!

Das Corona-Papier kann auf Achgut.com heruntergeladen werden. Der Fall wird zu klären sein.

Wie ernst nimmt die Bundesregierung den Souverän?

Nun, einige wenige Tage später, wird kontrovers über das Corona-Papier diskutiert. Einige CDU-ler kritisieren den Umgang Horst Seehofers mit dem Autor des Papiers, der es zukünftig sicher nicht leicht haben wird.

***„Die Grundaussagen des Papiers, dass die Gefährlichkeit des Coronavirus überschätzt wird, teile ich komplett"*, sagt Veronika Bellmann dem „Spiegel".**

Die Reaktion des BMI ist mit Sicherheit unangemessen und wird dem BMI – hoffentlich – noch auf die Füße fallen. Es ist eine Ungeheuerlichkeit, die brisanten Inhalte des Papiers schlicht und einfach zu ignorieren und herabzuwürdigen.

Leider spült die Bundesregierung auf diese plumpe Weise massiv Wasser auf die Mühlen von „Verschwörungstheoretikern" und deren Gedanken.

Viel klüger und angemessener wäre es gewesen und wäre es, zuzugeben, dass man sich einiger Fehler durchaus bewusst sei und zweifellos darüber mit der Öffentlichkeit offen kommunizieren würde.

Im Übrigen zeigen zwei Schweizer Studien der Eidgenössischen Technischen Hochschule Zürich (ETH), dass die Corona-Epidemie bereits am 21. März 20 unter Kontrolle war und einige Maßnahmen geringen Effekt hatten.

Sehr lesenswert ein Artikel hierzu in der

Luzerner Zeitung am 16. Mai 20:

„Die Schweiz hätte die Kurve auch mit weniger Einschränkungen gekriegt: War der Lockdown übertrieben?"

Sehr aussagekräftig ist auch ein Artikel vom 15. Mai 20 in der Luzerner Zeitung:

„Irrationale Maßnahmen", „verheerende Folgen": Diese Wissenschaftler sagen, der Lockdown sei unnötig gewesen:

„John Ioannidis, Professor an der medizinischen Fakultät der Stanford Universität in Kalifornien, Spezialgebiet klinische Medizin, Daten und Metaforschung gehört zu den weltweit 100 meistzitierten Wissenschaftlern.

„Die halbe Welt wegen des Coronavirus stillzulegen sei unverhältnismäßig und irrational, denn die sozialen und finanziellen Folgen seien verheerend.

Gemäß den Berechnungen von Ioannidis ist Cov 19 weit weniger tödlich, als erste Untersuchungen behauptet hätten.

Er sagt, diese seien ‚gewaltig übertrieben' gewesen, wie sich schon bald gezeigt habe. Doch bis dahin hätten die Regierungen ihre Lockdown-Maßnahmen schon verfügt".

Regula Stämpfli, Politikwissenschaftlerin Bern/München kritisiert, dass die westlichen Demokratien wie Chinas Diktatur reagiert hätten. Selbst die Schweizer Demokratie habe ‚*widerstandslos und über Nacht Hunderttausende von Existenzen ins Unglück stürzen können*', schrieb Stämpfli in der NZZ.

Sie zitiert die Totalitarismus-Studie von **Hannah Arendt** (dt. Philosophin und Kämpferin gegen den Nationalsozialismus, 1906 – 1975). Diese wies nach, **wie Ideologien darauf abzielen, die *‚nicht mehr gültigen Regeln des gesunden Menschenverstandes zu ersetzen*'**. Stämpfli sieht im Corona-Regime Parallelen:

„Die aktuelle Politik führt dazu, dass wir letztlich train-

***iert werden, alles und jeden zu opfern*“.**

Denn diese Politik mache ‚*aus Menschen isolierte Individuen, die sich weder an Familie, Freundinnen, Bekannte noch an Arbeitsplätze, Vereine oder Parteien binden können, sondern zum eigenen und kollektiven biologischen Überleben gezwungen werden*‘“.

Höchst beunruhigende Statements…!

Es ist wichtig, sich das unfassbare Ausmaß des weltumspannenden Lockdowns intensiv zu vergegenwärtigen. Abgesehen vom wirtschaftlichen Schaden ist auch ein immenser kultureller Schaden zu beklagen.

Von juristischer Seite und auch von gesellschaftlicher Seite muss aufgearbeitet werden, was hier passiert.

Ich vermute nicht, dass die Bundesregierung hierzu freiwillig ihren Aufarbeitungsbeitrag leisten wird und man muss hoffen, dass die Gerichte vorbehaltlos aufklären werden. Wir sehen gerade bzgl. des Corona-Papiers, wie sie noch nicht einmal ansatzweise gewillt ist, kooperativ zu sein. Ganz im Gegenteil.

Man beruft sich laufend auf die große Zustimmung der Bevölkerung, die zufrieden mit dem Agieren der Regierung sei. Ein SEHR schwaches Argument!

Inzwischen gibt es immer mehr Lockerungen. Die Minister der Länder stehen unter Druck der Bevölkerung, die sich immer deutlicher und zahlreicher gegen den Grundrechtsentzug wehrt. Sie lässt sich von der Bundeskanzlerin nur noch bedingt aufhalten.

Der CDU Politiker Axel Voss im EU Parlament möchte z.B. Restaurantbesuche und Reisen gern an Nutzung von Apps zur digitalen Kontaktverfolgung binden.

Zwangs-App und Zwangs-Impfung also...?

Wohin können solche Vorhaben führen und was bedeuten sie für „die Menschen"?

Es ist eine eigenartige Sache mit Corona und es sollte eigentlich niemanden wundern, wenn sich im Zuge dieser „Krise" „Verschwörungstheorien" entwickeln.

Als vor zwei Jahren die heftigste Grippewelle seit 30 Jahren über uns rollte mit geschätzt 25 000 Todesfällen in BRD und über 600 000 weltweit, kam niemand auf die Idee, diese Tatsachen medial-politisch-wirtschaftlich auszuschlachten. Der Influenzavirus muss ziemlich heftig gewesen sein. Auch der Influenza-Virus kann tödliche Pneumonien verursachen.

Bei Corona scheinen sich im Gegensatz zur Influenza alle gegenseitig immer heftiger unter Druck gesetzt zu haben. Herausgekommen dabei sind eine weltweite Hysterie und jede Menge Aktionismus. Ob gesteuert oder nicht wird irgendwann herauskommen...

Inzwischen haben die weltweiten Maßnahmen jede Bodenhaftung verloren und es ist schwierig auf den Boden zurückzukommen.

Die ganz verängstigte Bevölkerung ist längst gespalten und alle, die den scharfen Lockdown infrage stellen, werden, um es vorsichtig auszudrücken, abschätzig als verantwortungslos und inkompetent dahingestellt.

Bill Gates weht inzwischen ein immer schärferer Wind ins Gesicht, den er vermutlich so nicht erwartet hat.

Corona Zahlen Stand 11. Mai 20:

BRD: 171.879 Infizierte gemeldet / 7569 Todesfälle

Welt: 4.097.158 Infizierte / 282.95 Todesfälle

Stand 17. Mai:

BRD: 176.244 Infizierte gemeldet / 8027 Todesfälle

Welt: 4.635.830 Infizierte / 311.821 Todesfälle

In BRD sterben jeden Tag durchschnittlich seit Jahren 2500 Menschen.

Diese Statistik der jährlichen Todesfälle ist unangreifbar, da real. Alle anderen Zahlen sagen über die tatsächlichen Umstände nur bedingt aus. Wer an Influenza stirbt, kann ebenso an Vorerkrankungen gelitten haben wie ein Corona-Patient. Welche Rolle ein Virus ganz konkret im Körpergeschehen gespielt hat, bleibt im Grunde meist im Dunkeln, wenn nicht akribisch untersucht wird.

Gerade aus den o.g. Gründen war und ist es nicht richtig, einen derartigen und voreiligen Hype um eine ungesicherte Corona Datenlage zu machen.

Wobei, wir wissen es, dort, wo pathologisch untersucht wurde, herauskam, dass die meisten Erkrankten eben NICHT AN Corona, sondern MIT Corona gestorben sind.

Die Rolle des Coronavirus IM GESAMTBILD einer Erkrankung ist in fast allen Krankheitsfällen offensichtlich noch lange nicht ganz geklärt.

ES WIRD BIS HEUTE NICHT UNTERSCHIEDEN ZWISCHEN AN-CORONA ODER MIT-CORONA TODESFÄLLEN.

In Deutschland sind offiziell **ca. 0,22 % der EW infiziert.**

Von 83 000 000 EW ist nur ein sehr kleiner Prozentsatz ernsthaft erkrankt und knapp 0,01 % verstorben, von denen die meisten Erkrankten älter bzw. alt waren und bereits an Vorerkrankungen litten. Die Dunkelziffer kennt niemand wirklich.

Dass bei diesen Zahlen Fragen nach der Verhältnismäßigkeit der drastischen Maßnahmen aufkommen, ist absolut nachvollziehbar.

Wir werden seit Jahrzehnten auf Angst getrimmt:

Waldsterben, Ozonloch, Klimawandel und Demographie... **Wir sind zu einer Angstgesellschaft mutiert... Die Untergangsszenarien werden immer dramatischer ausgemalt. Den momentanen Höhepunkt haben wir nun nach dem „tödlichen" Klimawandel mit dem tödlichen Virus erreicht.**

Zwei Szenarien, die Machthabern und Machthaberinnen unglaublich viele Möglichkeiten des Eingreifens und der Lenkung von oben eröffnen. Geniale Voraussetzungen für Totalitarismen!

Verängstigte Menschen sind unmündig. Könnte eine Absicht darin liegen, „die Menschen" unmündig zu halten? Warum werden sie nicht zu kritischen und hinterfragenden Menschen erzogen und angehalten?

An den Schulen und Universtäten beobachten wir, wie erwähnt, seit Langem einen Trend zu unkritischer und nicht hinterfragender Haltung. Siehe z.B. Fridays For Future.

Heft „Cicero" vom Juni 2019 mit großem Titel:

„Professorenjagd / Wie Political Correctness die Freiheit der Lehre zerstört".

Ein weiterer Trend auf dem Weg zur „Roboterisierung" der Menschen ist beunruhigend:

Artikel vom 10. Mai 20 auf Deutsche Wirtschaftsnachrichten mit Titel:

„Pawlowsche Hunde: Wie Google und Co ihre Nutzer konditionieren und kontrollieren"

„Die großen Internet-Unternehmen konditionieren ihre Nutzer auf so geschickte Weise, dass letztere ihnen die Kontrolle über ihre Daten freiwillig überlassen".

Was die Digitalisierung anbelangt, stellt die Künstliche Intelligenz die größte Gefahr dar.

Es sind die macht- und geldhungrigen Internet Gurus aus Silicon-Valley die daran arbeiten, ***aus Menschen leicht manipulierbare Roboter zu machen*****".**

Wichtige weitere Seite: „Ärzte für Aufklärung“ mit den Ärzten:

Heiko Schöning, Walter Weber, Marc Fiddike, Olav Müller-Liebenau, Axel Arlt. Ein Aufruf kann unterschrieben werden.

www.aerzte-fuer-aufklaerung.de

Erstaunlicherweise aus Kirchenkreisen erfolgte ein bemerkenswerter Aufruf, der vom Mainstream nicht gewürdigt wurde.

Am 13. Mai 20 erschien eine Studie des IFO Instituts und des Helmholtz-Zentrums für Infektionsforschung:

„Das gemeinsame Interesse von Gesundheit und Wirtschaft: Eine Szenarienrechnung zur Eindämmung der Corona-Pandemie“.

Untersuchungen dieser Art sind notwendig und man darf gespannt sein, wie zukünftig mit diesen beiden Interessen balanciert umgegangen werden wird.

Der Boden, auf dem unsere freiheitliche Demokratie gewachsen ist und steht, erscheint mir schwankend und unsicher wie eine Moorlandschaft, durch die man schmale Pfade angelegt hat. Ein Schritt daneben und der Mensch versinkt hilflos im Morast.

Menschen, die eigentlich eine andere Meinung haben, wagen aus beruflichen und privaten Gründen nicht, sie zu äußern. Sie jaulen mit den Wölfen, weil sie sich selbst keinen Schaden zufügen wollen. Menschen, die Mut zeigen, wie der Mitarbeiter des Innenministeriums, der eine wissenschaftliche Analyse eingefordert hat, bezahlen eventuell teuer dafür. Vielen Wissenschaftlern aller Art geht es ebenso.

Aufzuarbeiten ist in diesem Zusammenhang auch die Rolle der Polizei bei Demonstrationen gegen Grundrechtseinschränkungen.

Willkürherrschaft und **Gesellschaftsexperiment** sind Begriffe, die einem einfallen können in der heutigen Situation, in Deutschland und fast weltweit.

Nun, viele Staaten dieser Erde waren auch schon vor Corona von ihnen gekennzeichnet und haben teils noch drastischere Maßnahmen ergriffen.

Die „freiheitlich-demokratischen" Gemeinwesen lernen sie seit dem Ende des Zweiten Weltkriegs zum ersten Mal kennen. Menschen, die im anderen, unfreien Teil Deutschlands lebten, mögen sich vielleicht mit unguten Gefühlen an ihre Vergangenheit dort erinnert fühlen.

Ich werde niemals den Besuch meines Großonkels Anfang der Siebzigerjahre aus der „DDR" vergessen, der als Rentner endlich seine Schwester im Westen besuchen durfte.

Er stand nach wenigen Tagen bitterlich weinend und aufgewühlt im Wohnzimmer, außer sich vor Wut und Enttäuschung, nachdem er mit eigenen Augen den im Westen erreichten Wohlstand sehen, erleben und genießen konnte und rief aus: „*Was haben sie uns belogen. Sie haben uns erzählt, wie schlecht es euch im*

Westen geht".

Es steht zu vermuten, dass es „den Menschen" in aller Welt eines Tages ähnlich gehen könnte, wenn sie begreifen, dass möglicherweise nicht immer ehrlich mit ihnen umgegangen worden ist und sie völlig ohne Not der kostbarsten Güter beraubt wurden.

Wird es jemals wieder möglich sein, in die „Normalität" zurückzukehren, die wir leben wollen?

Mit persönlichem Engagement für Demokratie und Freiheit, für unser Grundgesetz und die Allgemeinen Menschenrechte, auf der Grundlage von Vernunft und Sachverstand ohne ideologische Verblendung und mit offener Diskussion könnte das möglich werden...

Wir alle werden möglicherweise lernen müssen, mit Corona zu leben – und eventuell zu sterben.

Wir können uns nicht in eine ewige Lebens-Warteschleife begeben und die Gesellschaft an- und ausknipsen, wie einen Lichtschalter. Wir können nicht für alle Zeiten wie hypnotisierte Kaninchen auf Infizierten-Zahlen starren.

Wir sollten versuchen, Risikogruppen zu schützen, dürfen sie aber weder ausschließen noch einschließen. Schützen heißt u.a. Hygiene und eventuell ein gewisser Abstand. Eigenverantwortlichkeit ist gefragt.

Es wird auch ältere und alte Menschen geben, die sich nicht schützen lassen **WOLLEN**!

Sie wollen Lebensqualität über Lebensquantität stellen. Auch das wird zu akzeptieren sein. Sie wollen ihre Kinder und Enkel sehen, sie wollen ihr Leben genießen, so lange sie es noch können. Es wird alte Menschen geben, die lieber sterben wollen, wenn sie das nicht mehr dürfen.

Anstatt gefangener Tunnelblick ein offener Überblick!

Es wird sich durch Studien auch immer deutlicher zeigen, wer wie stark betroffen ist oder sein wird. Gesellschaftsschichten, Ethnien, Vorerkrankte, Ältere und Alte...? Es gibt noch viel zu erforschen.

So ist es noch viel unverständlicher, weshalb weniger als eine Handvoll „Wissenschaftler" als „Alleinunterhalter" auftreten und eine gewisse „Narrenfreiheit" besitzen. Ihnen ist angeblich zu folgen. Basta.

So kann es aber nicht sein! Ein einfacher Virologe in Berlin kann sich nicht zum Meister über die Bevölkerung aufschwingen, indem er nach seinem Gutdünken wiederholt Lockdowns fordert. Das ist absurd.

Es scheint geradezu verrückt, einen Virus weltweit komplett in den Griff bekommen zu wollen durch drastischste Maßnahmen, die nur kurz aufrechterhalten werden können, da sonst alles zusammenbricht! Wir beklagen **Zehntausende Krankenhauskeim-Opfer** in Deutschland jährlich, ca. **110 000 Opfer des Rauchens, Verkehrstote, Tausende Influenza-Opfer!**

Wir haben darüber bisher noch nicht den Verstand verloren! Das sollten wir auch weiterhin nicht tun...

Eine Gesellschaft, die nur mehr gebannt und hysterisch auf Gefahren konzentriert **WIRD**, ist irgendwann nur noch ein Haufen gebrochener Existenzen.

Lebensuntüchtig, lebensunfähig, kritikunfähig, ängstlich und durch und durch negativ getriggert, am Rockzipfel des Staates hängend wie ein Kind an der Mutter…

Ab 15. Mai soll das Leben weitgehend wieder „laufen“. Alles geöffnet. Hier in Hessen z.B. kann man etwas aufatmen. Auf Dauer? Hoffentlich!

Vielleicht kommt eine zweite Welle…

Eine dritte, eine vierte, jedes Jahr. Genau wie wir das von der Influenza her kennen. Und dann?

Wir müssen da durch und **das geht nicht mit Wegschließungsorgien**. Und eine Bundeskanzlerin sollte auch nicht von „**Öffnungsdiskussionsorgien**“ reden. Das steht ihr nicht zu.

Es ist verrückt, das Coronavirus ab jetzt absolut zu setzen, so als ginge es ums Überleben der Menschheit. Evidentermaßen ist das nicht der Fall.

„Die Menschen“ wollen ihr „normales“ Leben zurück. Sie wollen nicht für den Rest ihres Lebens in Angst vor einem Virus leben. **Sie wollen nicht bis ans Ende ihrer Tage mit Masken vor dem Gesicht herumlaufen, die wiederum, neben dem beschränkten Nutzen, negative Auswirkungen auf die Gesundheit haben können, wenn sie nicht richtig gehandhabt werden. Mas-**

ken können Viren- und Bakterienschleudern sein.

Es ist keinem Menschen dauerhaft zuzumuten, schon gar nicht Älteren und Vorerkrankten, je nach ihrem Aufenthaltsort, ständig eine Maske aufzuhaben und **das eigene ausgeatmete, feuchtwarme Kohlendioxid wiedereinzuatmen. Das ist ungesund und ganz und gar nicht von der Natur so vorgesehen!**

Folgen der Corona-Maßnahmen müssen endlich vernünftig, offen, objektiv, realistisch, ideologiefrei und umfassend diskutiert werden.

Ein absolut unwissenschaftlicher und unseriöser Umgang mit kontroversen Meinungen, Studien und Ansätzen darf nicht länger akzeptiert werden.

Auf www.misesde.org erschien am 13. Mai ein sehr interessanter und erhellender Artikel, der zeigt, wie man AUCH mit Krisen umgehen kann:

„Kein Lockdown / die schreckliche Polio-Pandemie 1949 – 52".

Man muss kein Psychologe sein, um zu befürchten, dass der Umgang mit dem Coronavirus massive physische und psychische Schäden generieren wird, die sich erst zeitverzögert auswirken werden.

Augen und Münder kleben am Staat, der uns vor den Unbilden des Lebens schützen soll. Koste es, was es wolle... Das Leben ist aber leider ohne Risiko nicht zu haben. Wir haben verlernt, damit umzugehen.

Es wird spannend sein, zu erfahren, wie und ob überhaupt die Justiz die „Corona-Zeit“ aufarbeiten und bewerten wird.

Was bedeutet Freiheit, wie gehen wir mit ihr um, wie viel ist sie uns wert, wem geben wir das Recht, unsere Freiheit einzuschränken und unter welchen Bedingungen?

Diese Fragen werden essentiell sein für die Gestaltung unserer Zukunft und je mehr Menschen sich dessen bewusst sind oder werden, desto kleiner wird die Gefahr…

Nun, inzwischen im **Juni 2020** angekommen, werden **IMMER NOCH** Verstorbene als Corona-Tote gezählt, meist ohne eine pathologische Überprüfung und offizielle Feststellung, woran sie **WIRKLICH** gestorben sind.

Ein Bekannter, dessen Vater Arzt in einer Klinik ist, erzählte uns den Fall, dass nach einem **Motorradunfall** ein **schwer verletzter Mann** in die Klinik eingeliefert wurde, dessen **Leben nicht mehr zu retten** war.

Es wurden Coronaviren bei ihm entdeckt. Somit musste er als Corona-Toter „deklariert“ werden. Der Arzt wollte sich weigern, da er genau wusste, dass dieser Mann definitiv NICHT an Corona verstorben, sondern seinen schweren Verletzungen erlegen war.

Er musste sich aber fügen und dieser Mann wird als Corona-Opfer gezählt. Dem ist nichts hinzuzufügen!

Prof. Drosten, der Berliner Regierungs-Charité-Virologe, hat eine „Kinder-Studie“ veröffentlicht, die sehr in die Kritik geraten ist und von Prof. Drosten nun überarbeitet wurde. Er warnte vor einer zweiten heftigen Corona-Welle. Er hält uns jetzt wiederum für in einer „*guten Position*" befindlich und erwartet keine zweite Welle. Am Anfang der „Krise" behauptete er voller Überzeugung: „*Das wird ganz schlimm*!!!". Er ist der Überzeugung, dass ohne ihn die Pandemie schlimmer verlaufen wäre. Seine Einschätzung wird von vielen anderen Medizinern und Wissenschaftlern bzgl. seines Wirkens nicht geteilt!

Man schaue sich die **Z-Scores** auf der Website **Euromomo** an, wie sie bis Juni 2020 verlaufen. Viele Länder Europas, darunter auch Deutschland, Österreich, Dänemark, Estland, Finnland, Griechenland, Ungarn, u.a. zeigen keinerlei „*Substantial Increase*" der Sterblichkeit. Ganz im Gegenteil, sie zeigen weniger Sterblichkeit 2019/2020 als die Jahre zuvor. Andere Länder, wie Italien, Frankreich, Spanien, UK sehen eine mehr oder weniger signifikante Übersterblichkeit.

Es wäre unabdingbar, diese Unterschiede zu untersuchen.

Der Umgang der Bundesregierung mit dem „Corona-Papier" im Innenministerium ist in den Medien natürlich nicht mehr präsent. Das ist sehr bezeichnend!

Geradezu ins Auge springend ist die Unterwürfigkeit der sogenannten „Leitmedien". Von kritischem Journalismus kaum noch die geringste Spur. Ich und andere nennen so etwas Schmalspurjournalismus.

Ich erhielt, auf eine schriftliche Kritik, eine vermutlich

vorgefertigte Antwort der Christlich Demokratischen Partei, u.a. mit folgendem Hinweis eines J. Rieger aus dem CRM Team, Bürgerservice der CDU-Bundesgeschäftsstelle:

„Noch ein Hinweis: derzeit werden betrügerische oder absurde oder verstörende ‚Nachrichten' und ‚Angebote' verbreitet. ***Informieren Sie sich bitte nur über Ihnen bekannte und seriöse Quellen: die Bundesregierung, die bekannten TV- und Radiosender, die bekannten Tages- und Wochenzeitungen"*****.**

Das ist geradezu grotesk! GERADE die angepriesenen „*seriösen Quellen*" sind infrage zu stellen, denn sie sind deutlich unkritisch und wichtige Informationen werden (leider) fast ausschließlich auf „Alternativmedien" gebracht. DAS ist offenbar UNERWÜNSCHT!

Soll die Bevölkerung für dumm verkauft werden? Anders ist eine solche Haltung, die Diffamierung und Ausgrenzung sehr kompetenter Menschen nicht nur duldet, sondern bewusst forciert, nicht zu erklären!

Ein Armutszeugnis für eine Bundesregierung und alle, die ein solches Ansinnen befürworten.

Die Bundesregierung sagt nicht, informieren Sie sich selbst weiträumig, um uns, unsere Handlungen und Entscheidungen interpretieren, bewerten und beurteilen zu können, nein, sie rät genau davon ab!

Ich bin nicht sicher, wie man den heutigen Zustand unserer Gesellschaft bezeichnen soll. Freiheitlich-demokratisch? Eine zu beantwortende Frage!

Es gibt wunderbare, wache Menschen, die sich für unsere Freiheit einsetzen. Darunter z.B. auch die **Ärzte für Aufklärung**, die dafür auf die Straße gehen.

Sehr empfehlenswert das Video Demo Rede vom 23.05.20 in Hamburg zu Corona, Impfzwang, mRNA, Grundrechte, Grundgesetz.... Mit Dr. med. Marc Fidikke. Er geht u.a. auf das äußerst wichtige Thema der Impfstoff-Zusammensetzung ein. Jeder sollte wissen, was es damit auf sich haben kann.

Nun sind wir bereits im Juli 2020 angekommen und das Drama geht weiter.

Immer noch schaut die Welt wie hypnotisiert auf „Infiziertenzahlen". Auf Deutschland bezogen, handelt es sich um ca. 0,3 % gemeldete Infizierte auf die Bevölkerung bezogen. Schaut man sich auf Euromomo um, so ist die Übersterblichkeit in vielen europäischen Ländern in keiner Weise gegeben. Es ist einfach nichts los auf der Werteskala.... Von den Infizierten erkranken nur wenige und es sterben noch viel weniger...

Der Rückgang der Infiziertenzahlen hat **NICHTS mit dem Lockdown zu tun, denn bereits vor dem Lockdown war die Kurve so niedrig wie NACH Einsetzen des Lockdowns. Das wissen wir längst...**

Darin nicht eingerechnet sind all die falsch-positiven Testergebnisse, wie sich herausgestellt hat, zwischen 1,4 - ?? % aller Tests. Das heißt nichts anderes, als dass die Corona-Pandemie wohl niemals enden wird, denn es werden **IMMER NEUE Fälle gefunden werden, allein schon aufgrund falsch-positiver Ergebnisse!!!**

Jeder sollte sich darüber informieren, was dieser sogenannte PCR Test WIRKLICH misst!

Inzwischen erschien ein Buch von Prof. Dr. Bhakdi und Prof. Dr. Karina Reiss mit dem Titel „Corona Fehlalarm". Es war bezeichnenderweise nicht ganz einfach, das Buch zur Veröffentlichung zu bringen!

Denn in der heutigen politischen Atmosphäre kann einfach nicht sein, was nicht sein darf. Sachlichkeit, unabhängige Wissenschaftlichkeit, niveauvolle Diskurse, offener Geist sind out.

In sind Konformität, Kollektivismus, Sozialkonstruktivismus. Mit anderen Worten: Denkdiktatur und Handlungsdiktatur von oben, aber auch von den vielen Mitläufer*innen ausgehend.

Ein junger Psychologie Student namens Sebastian hat ein sehr sehenswertes und bemerkenswertes Video zusammengestellt mit vielen Fakten: „***Die Zerstörung des Corona Hypes***". **Er weist wunderbar mit Zeitungsberichten der vergangenen Jahre u.a. aus Italien nach, dass das Chaos im dortigen Gesundheitswesen alles andere als neu ist!**

Bestimmte Kräfte in unserem Land wollten die Universität dazu veranlassen, den Studenten von der Uni zu werfen. Mit anderen Worten, seine Zukunft zu zerstören, nur, weil er gewagt hat, kritische Fragen zu stellen und Antworten zu finden.

Das ist wirklich beängstigend!! Aber nicht nur das. Es ist widerlich, es ist charakterlos, es ist totalitaristisch.

Die Infiziertenzahlen schwanken und in einigen Ländern steigen sie wieder etwas. Natürlich nur in winzigen Prozentdosen. Die USA z.B. haben – Juli 20 - etwa 3 Millionen Infizierte. Also ca. 1 % der Bevölkerung.

Verstorben etwa 0,05 %. In dieser Zahl stecken auch all die Toten, die **MIT nicht AN Corona verstorben sind**.

Dr. Fauci, der Berater des Weißen Hauses spricht trotzdem von „Albtraum". Und**: Infizierte sind nicht gleichzusetzen mit Erkrankten!!!**

Mallorca reagiert gerade panisch: Maskenpflicht auch im Freien und auch dann, wenn der Sicherheitsabstand gewährleistet ist. Griechenland z.B. macht eine Einreise sehr schwierig.

Ich frage mich, wer da noch Lust auf Urlaub hat?

Die Panikmache lässt nicht nach und es gibt besonders laute Zeitgenossen, die es nicht ertragen können, Menschen wieder in Freiheit zu sehen, wie z.B. Prof. Dr. Karl Lauterbach. Auf www.mediagnose.de / Politikblog findet sich ein interessanter und erhellender Artikel zu seinem Werdegang.

Ständig werden neue Panik-Säue durch das Dorf getrieben: was das Virus alles auslösen kann, wie gefährlich es ist, was für ein furchtbarer unsichtbarer Feind! Die Zweite Corona Welle. Die Menschen sollen aus ihren Ängsten nicht mehr herauskommen.

Kinderpsychen werden für ihr ganzes Leben ruiniert!

Die „**Ärzte für Aufklärung**" haben einen außerparlamentarischen Corona-Ausschuss gegründet, in dem sie die „Krise" und das politische Handeln hinterfragen und aufarbeiten wollen.

Die AFD veranstaltete am 4. Juli 20 im Bundestag ein Symposium mit der italienischen Mikrobiologin und Ärztin Maria Gismondo. Dieses Video sollte man sich anschauen. Bedauerlicherweise ist die AFD die einzige Partei, die dies unternommen hat.

Man darf auch gespannt sein, wie sich die weltweite Politik aus den Corona-Verstrickungen wieder herauswinden wird, in die sie sich selbst gebracht hat. Wollen sie sich überhaupt herauswinden???

Den Fehler zuzugeben, die ganze Welt in einen verheerenden Lockdown versetzt zu haben, erscheint den meisten Politker*innen fatal. Wie würden sie vor den Menschen dastehen, die durch den Lockdown viel erleiden und verlieren. Auch viele Leben, die aufgrund ausgesetzter und verschobener Behandlungen und Operationen nicht gerettet wurden.

Die WHO möchte die vergangenen Monate ebenfalls „aufarbeiten". Man darf gespannt sein, was dabei herauskommt.

Und letztendlich ist überhaupt nicht abschließend geklärt, wie lange und wo überall das „neue" Virus schon unter uns ist! In einer Abwasserprobe aus Barcelona wurde nachgewiesen, dass es Anfang 2019 bereits in der EU war...

Hierzu ein sehr brisanter Artikel von Florian Rötzer auf

Telepolis:

„Covid-19: Schon in Abwasserproben vom März 2019 in Barcelona soll Sars-CoV-2 nachgewiesen worden sein".

Ob dieser eine Befund vom 12. März 2019 ein Ausreißer oder Messfehler war, ist ungewiss, aber mehre Studien weisen darauf hin, dass dieses Virus wohl bereits mindestens ab November 2019, spätestens Dezember 2019 in Europa zirkulierte.

Die Frage ist zu stellen, wenn also das Virus schon da war und „Kranke" erzeugt hat, wieso ist die Panik dann nicht schon viel früher ausgebrochen?

Offenbar hat man Kranke wie Grippekranke behandelt. Sie haben überlebt oder sind gestorben. Aber offensichtlich nicht im Übermaß. Sonst wäre man hier in Europa auch ohne China auf die Idee gekommen, dass hier etwas Neues und Gefährliches vorliegt.

So können sich auch die stark steigenden Infiziertenzahlen erklären, denn es wurde ja immer mehr getestet. Folglich stieg die Infiziertenzahl mit. Logisch, oder?

Dadurch, dass keine Panik verursacht wurde, hat man die Situation durch kontraproduktive Maßnahmen auch nicht erschwert. Keine besondere Abschottung, kein Ausfall von medizinischem Personal, keine räumlichen und sonstigen Engpässe.

All dies kam später und generierte möglicherweise genau das, was eigentlich hätte verhindert werden können, nämlich das ganze folgende Chaos und die Panik bis heute...

Das Weltwirtschaftsforum ist in Corona-Zeiten einen intensiveren Blick wert. Nichts Geringeres als ***„The Great Reset“***, ***„Der Große Neustart“*** steht auf der Agenda zum nächsten Gipfel in Davos 2021.

Merkel, wie bereits erwähnt, natürlich immer Eingeladene, hat uns bereits vorgewarnt, dass sich in den nächsten Jahrzehnten so ziemlich alles ändern werde, was uns bisher als selbstverständlich galt. Hinter der Fassade der geplanten Menschheitsbeglückung darf man mehr als das vermuten.

Corona wird als DER Anlass willkommen geheißen zur Turbobeschleunigung in die *„Vierte Industrielle Revolution“* mit tiefgreifenden strukturellen Veränderungen aller möglichen Rahmenbedingungen. Der Weg ist vorgezeichnet: Die Eine-Welt. Man schaue sich auf der Website des Weltwirtschaftsforum um. Vor allem schaue man sich die betörenden und beschwörenden Videos an. Angestrebt wird die volle Vernetzung von Virtuellem und Materiellem. Der virtuelle Mensch!

Das Spiel der Großkapitalisten, die absolut nicht gleichzusetzen sind mit dem redlich sein Geld verdienenden unternehmerischen Mittelstand, geht weiter und es ist ein Spiel mit der individuellen Freiheit jedes einzelnen Menschen.

Der junge Ableger des Weltwirtschaftsforum ist *„Global Shapers“*. Junge Talente werden weltweit rekrutiert und fit gemacht für ihre zukünftigen Führungspositionen weltweit. Betrachtet man auf der Website unter „***Story***" die „***Leadership***" Liste, regt diese sicher zum Nachdenken an. Kein Europäer darunter…

Ziel ist die „geshapte Welt" und mit ihr der „geshapte" Geist. Menschen mit schier unbegrenzten finanziellen Ressourcen lieben anscheinend das Spiel mit Menschenmaterial nach Gusto. Die Milliarden Menschen, die es betrifft, werden allerdings NICHT befragt. Sie sind eben die zu shapende, also zu formende Masse.

Das Puzzle gibt immer deutlicher sein Motiv frei und es wird abermals sichtbar: immer weniger Menschen beherrschen immer mehr Menschen. Die Agenda des Weltwirtschaftsforums und die Agenda 2030 der UN passen sehr gut zusammen. Wer mit von der Partie ist, wird sehr gut dabei verdienen…

Am 10. Juli 2020 fand eine äußerst wichtige Pressekonferenz statt:

Vier hochkompetente und versierte, vor allem aber sehr engagierte **Rechtsanwält*innen (Fischer / Fischer, Hoffmann / Fuellmich**), haben sich endlich zusammengetan, um das Vorgehen der Politik seit Beginn der Corona-Krise **juristisch aufzuarbeiten**.

Die Website www.corona-ausschuss.de wird transparent die Ergebnisse dieser Untersuchung öffentlich machen. Es ist möglich, per Videoschaltung live dabei zu sein. Die ersten Ergebnisse sollen in 4-6 Wochen vorgestellt werden. Die Videos sind abrufbar.

Das ist eine wirklich beruhigende Nachricht, denn es

muss einen wachen Geist umtreiben, was hier und weltweit passiert.

Zu guter Letzt ein Ausschnitt eines Interviews mit **Tanja Dammann-Götsch** zur Wirtschaft nach dem Corona Virus aus der Zeitschrift „*Wirtschaftsraum*" der IHK Hanau-Kinzigtal:

„*Ob Corona Episode bleibt, eine Zäsur wird oder sogar einen Epochenwechsel einläutet, weiß kein Mensch. Was ich weiß, ist, dass es der Staat nicht alleine richten kann.*

Wenn die Politik die Freiheit der Unternehmen nicht gefährdet und die öffentlichen Hilfsmaßnahmen technologie- und ergebnisoffen bleiben, werden wir schon bald erste, sehr schöne Früchte sehen.

Aber wenn der Staat zum Beispiel das Arbeiten im Homeoffice detailliert regeln sollte, dann werden wir uns bald noch häufiger über eine ins Absurde weiterwachsende Bürokratie beklagen müssen".

Aufschlussreich ist auch ein Interview Video vom 11. Juli 20 auf der Website Globalresearch.ca. mit dem Arzt und **Senator Dr. Scott Jensen.**

Er sagt, die ***„American Medical Association"*** ermutige Ärzte zum Überzählen von Corona-Toten quer durch das Land.

Jensen erhielt ein 7-seitiges Dokument, das ihm aufzeigte, **wie ein Totenschein mit Covid-19 Diagnose auch ohne bestätigten Labortest möglich ist.**

„CDC Guidance for Certifying Covid-19 deaths:

In cases where a definite diagnosis of Covid-19 cannot be made, but it ***is suspected or likely*** *(e.g., the circumstances are compelling within a reasonible degree of certainty)* ***it is acceptible to report Covid-19 on a death certificate as ‚probable' or ‚presumed'***".

Dr. Sen. Scott Jensen:

„Right now Medicare is determining that if you have a Covid-19 admission to the hospital you get $13000. If that Covid-19 patient goes on a ventilator you get $39000, three times as much. Nobody can tell me after 35 years in the world of medicine that sometimes those kinds of things impact on what we do".

Wie wir bereits gelernt haben, ist Invasiv-Beatmung nicht immer die beste Lösung...

Im Netz kursiert ein, ja, fast witziges Video aus Tansania. Der Präsident des Landes ist schwer verärgert: Man hat von Regierungsseite Coronatestproben von Papayas, Ziegen, Vögel etc. in ein Labor zur Untersuchung gegeben. Sie wurden sozusagen vermenschlicht, indem diesen Proben Namen von Menschen gegeben wurden mit Altersangaben. Heraus kam, dass selbst Papayas positiv getestet wurden.

Dies hat den Präsidenten von Tansania sehr hellhörig gemacht und vor allem skeptisch! Seine Wutrede anzuhören, lohnt sich auf alle Fälle! Die Ergebnisse sollten uns alle vorsichtig machen.

Noch nie war es so wichtig, sich umfassend zu informieren und die warnenden Stimmen werden mehr.

Vor wenigen Tagen wurde ein Interview mit Prof. Dr. Stefan Hockertz, Immuntoxikologe mit über 30-jähriger Erfahrung, aufgenommen zum Thema Impfung.

„*Prof. Hockertz beim Club der klaren Worte*" mit Markus Langemann. Ausführlich spricht er über Impfung Impfstoffe und wie sie hergestellt werden und kommt dann zur mRNA Impfung, die das menschliche Genom verändert. Ein ganz wichtiges Video!

Prof. Hockertz sprach im Interview davon, dass es viele Jahre dauert, bis ein Impfstoff marktreif ist. Dennoch wird es einen gewissen Prozentsatz an Geimpften geben, der durch eine Impfung gesundheitlich geschädigt wird. Es fiel die Zahl von ca. 5 %. Darunter wird es auch Menschen geben, die daran versterben. Etwa 0,1 %.

Bei einer angedachten Zwangsimpfung wären etwa 4 Millionen Menschen betroffen, wovon ca. 80000 das Zeitliche segnen würden.

Nun lesen wir aber täglich, dass ein Impfstoff mit Hochdruck erforscht wird und so schnell als möglich auf den Markt soll. Mit allen Risiken und Nebenwirkungen, die damit verbunden sein können.

Welche Kräfte im Einzelnen und im Zusammenspiel unsere Freiheit, unsere Demokratie, die Grundrechte und die Rechtsstaatlichkeit angreifen, muss immer wieder sichtbar gemacht werden.

Die Interessen und Vernetzungen dieser Kräfte erscheinen vielfältig und gleichzeitig nicht leicht durchschaubar.

Negative Kräfte erkennt man u.a. daran:

Menschen werden verunsichert, in Panik und Hysterie versetzt. „Alternativlose" Lösungen werden vor- und durchgesetzt. Diese Lösungen werden z.B. mit diffusen Computermodellen gerechtfertigt wie im Falle des Klimawandels, mit katastrophalen, wissenschaftlich in keiner Weise untermauerten Prognosen, wie im Falle von Corona.

Spitzenwissenschaftler wie z.B. der dänische Physiker und Klimaforscher Henrik Svensmark und der israelische-US-amerikanische Physiker Nir Shaviv werden diskreditiert und diffamiert.

Der **Eintrag auf Wikipedia zu Nir Shaviv** ist vielsagend und macht in wenigen Worten deutlich, dass wir **nicht mehr in einer Welt leben, in der Wissenschaft als Wissenschaft betrieben und diskutiert wird, sondern Wissenschaft ganz offensichtlich nicht mehr unabhängig von Politik / Wirtschaft / Finanzen forschen kann:**

„(...) *Shaviv bestreitet den menschengemachten Klimawandel, ist in verschiedenen Klimaleugner-Organisationen aktiv und gilt als einer der „Stars" der internationalen Klimaleugnerszene*".

Was für eine herablassende, überhebliche, komplett tendenziöse, manipulative und diskreditierende Aussage zu Nir J. Shaviv. Zehntausende Wissenschaftler

betrachten den Klimawandel aus wissenschaftlicher Perspektive anders. Warum nicht?

DAS IST WISSENSCHAFT! Es gibt verschiedene Petitionen all dieser Forscher zum Thema, wie z.B. die Oregon Petition, die natürlich angegriffen wird.

Menschen sollen offenbar weder selbständig noch kritisch ihre Mündigkeit schulen, sondern alles annehmen, was ihnen angebliche, ausgesuchte und linientreue „Experten“ eintrichtern und einflüstern.

Katastrophenszenarien werden generiert. Die Jugend wird einseitig indoktriniert und soll ihrerseits vom vorgegebenen Weg nicht mehr abweichen. Dafür sorgen ebenfalls indoktrinierte Erwachsene.

Die Wissenschaft wird gegängelt und Wissenschaftler müssen sich „konform“ verhalten, wenn sie keine negativen Konsequenzen auf sich nehmen wollen. Zeitungen berichten Agenda-konform und stellen nur wenig bis gar nichts infrage.

Wer infrage stellt und auf diversifizierte Diskussion pocht, wird misstrauisch beäugt und wo es geht, abgewertet oder negativ beurteilt und diffamiert.

Dies sind nachprüfbare Fakten!

Als „Normalsterblicher“ den Kopf in den Sand stecken und es sich leicht machen, indem man mit dem gelenkten Strom schwimmt, der Political Correctness und dem Mainstream Genüge tun, ist eine der Möglichkeiten, mit diesen Dingen umzugehen.

Andere setzen sich mit ihrer Wachheit, ihrer Aufmerksamkeit, ihrem Empfinden für Gerechtigkeit und Wahrhaftigkeit, Freiheit und Unabhängigkeit dafür ein, dass dieser Planet kein Planet der menschlichen Roboter wird, die so einfach zu lenken sind, wie uns in der Corona Zeit gerade drastisch vor Augen geführt wird.

Wir leben in einer Welt, in der es immer leichter wird, große Menschenmassen zu kontrollieren und zu manipulieren. Immer weniger Menschen nehmen entscheidenden Einfluss auf immer mehr Menschen.

Detailliert zu studieren auch an der Entwicklung der Europäischen Union. Die Jugend wird subtil an diese Entwicklung herangeführt. Nur scheinbar wird sie selbst aufmüpfig, weil sie um ihre Zukunft fürchtet.

Kinder und Jugendliche sind aus mangelnder Lebenserfahrung heraus nicht in der Lage, ohne Hilfe von Erwachsenen und unabhängig den Zustand der Welt zu analysieren.

Es ist somit ein ganz Leichtes, ihre Gehirne und Herzen zu erobern und zu besetzen. Kein Wunder also, dass u.a. Die Grünen gerne ihre naive Klientel mit der Herabsetzung des Wahlalters auf 16 Jahre vergrößern möchten.

Hat man das erst einmal geschafft, und man ist bereits weit gekommen, gibt es keine Umkehr mehr. Die Denk- und Handlungsfähigkeiten sind dann derart beeinflusst, dass in dieser Transformationsentwicklung kaum oder kein Widerstand mehr zu erwarten ist.

Zahlreiche Interneteinträge zur sich entwickelnden **Eine-Welt-Agenda, Agenda 21 / Agenda 2030** zeigen deutlich, dass die Weltgesellschaft, und Deutschland arbeitet fleißig daran mit, siehe Bundesministerium für wirtschaftliche Zusammenarbeit und Entwicklung, auf dem Weg in eine durchorganisierte Weltordnung ist.

Dieser umfassenden Kontrolle wird niemand mehr entkommen können. Keiner kann von diesem Planeten fliehen. Bis in den letzten Winkel wird alles kontrolliert werden. Der gläserne Mensch ist schon längst Wirklichkeit. Nun ist der durch und durch indoktrinierte und kontrollierte Mensch an der Reihe. Die nächste Stufe also wird gezündet.

Verschwörungstheorien sind das keine, da dies alles offizielle Agenda ist und von jedermann gelesen werden kann.

Natürlich läuft das alles unter der Prämisse, diesen Planeten für alle Menschen zum wahren und einzigen Paradies zu machen. Das wirkt anziehend…

Ganz subtil wird jeder individualistische Funke nach und nach gelöscht werden.

Individualität wird nichts mehr zählen. Dieser wohlklingenden Agenda kritisch gegenüberzutreten, wird zu Ausgrenzung führen. Genau das passiert ja bereits in vielerlei Hinsicht.

Die Eine-Welt-Agenda wird schmackhaft serviert. Ein leckerer Köder. Es wird allerdings noch eine Weile dauern, bis man „die Welt“ endlich ganz im Griff hat.

Aus diesem Grunde ist jede Art von Streben nach Souveränität inzwischen verfemt und die Gleichheitsagenda vielen schon längst subtil übergestülpt. Das Wort „Nationalstaat" hat ja schon einen unangenehmen, ja bösartigen Beigeschmack bekommen.

An Paradoxität ist das alles kaum zu übertreffen. Freiheit, aber ohne Souveränität...

Wir sind von dem Eine-Welt-Paradies noch weit entfernt, aber die Richtung ist eindeutig erkennbar. Viele Menschen werden das kommende Paradies ersehnen und - zumindest - in der Theorie beklatschen...

Es stimmt aber bereits heute skeptisch, wie grob und gnadenlos sich die Einebnung der „Meinungsvielfalt" Raum schafft und verdrängt. Also genau das, was ja angeblich verhindert werden soll, nämlich die Ausmerzung wahrer Souveränität und Eigenartigkeit einzelner Menschengruppen unabhängiger Staaten.

Mit freiheitlich inspirierter Demokratie wird die Zukunft nicht mehr viel gemein haben... Menschen werden lernen, dass es keine Wahl mehr gibt. Es wird „die eine Welt" geben, überall. Das Stichwort ist „Unity in Diversity" in einer bunten Welt.

In einem Schüler-Arbeitsblatt des Bundes heißt es:

„Habt ihr denn schon einmal an eine Weltbürgerschaft gedacht? Das heißt, alle Menschen sind gleichberechtigte Staatsbürger einer Welt ohne Nationalstaaten. Alle haben gemeinsam, dass sie in einer bunten und diversen Welt verschieden sind".

Also Staatsbürger eines „Weltstaats", nicht eines einzelnen Nationalstaats. Es wird in diesem Weltstaat z.B. kein freies Unternehmertum mehr geben. Auch das werden viele begrüßen! Ein „Unternehmer" wird nur noch Büttel des Weltstaates sein und seine Entscheidungen werden nur noch bedingt eigenmächtig getroffen werden können.

Womit klar sein sollte, dass der zukünftige Weltstaat vor allem aus einem bestehen wird:

Beschränkungen.

Individuelle Kreativität wird, entgegen den Versprechungen, stark eingehegt werden. Den Menschen in dieser Zukunft wird das aber nicht mehr auffallen. Sie würde ein ziemlich schlechtes Gewissen plagen, wenn sie es wagten, einfach so, etwas zu „unternehmen", was eventuell nicht vorgesehen oder unerwünscht ist.

Ein Staat hat und setzt Bedingungen. Auch der „Weltstaat" wird Bedingungen setzen. Politische, soziale, wirtschaftliche, finanzielle Bedingungen. Ein „Weltgremium" aus Vertretern einzelner „Regionen", denn Staaten gibt es ja dann nicht mehr, wird ALLES für ALLE bestimmen. Weltweit.

Das ist Gleichschaltung par excellence. Das ist Sozialismus, wie er in der „Großen Transformation" gedacht und geplant wird.

Wenn am Wohl der Menschheit nicht interessierte Individuen es schaffen werden, sich an die Welt-Spitze zu mogeln, was nicht völlig auszuschließen ist, dann „Gute Nacht" Menschheit...

Es mögen viele Menschen hehre Ziele haben. Was aber nicht ausreichend bedacht wird, ist, dass viele Menschen **KEINE** hehren Ziele haben, sondern nach **politischer und/oder finanzieller Macht gieren.**

Naive Traumtänzer halten ein solches Szenario natürlich für unmöglich. Der zukünftige geplante Weltstaat kann eigenständiges Denken und Handeln nur sehr beschränkt zulassen. Ein solcher Weltstaat hat wie jeder andere Staat auch, die Tendenz, immer weiter auszugreifen und einzugreifen. Er wird ohne dieses Ausgreifen und Eingreifen gar nicht entstehen und existieren können. Er wird, da er der **EINZIGE** und **ALTERNATIVLOSE** Staat ist, seine Macht nutzen und immer weiter ausbauen... Genau das beobachten wir!

Interessant ist ein Auszug aus **David Rockefeller's *„Erinnerungen eines Weltbankiers*"**, VBF Verlag, auf Seite 556/557, wo er sagt, dass er stolz darauf sei, als Internationalist charakterisiert zu werden, der mit anderen auf der ganzen Welt konspiriere, um eine ganzheitlichere, globale politische und wirtschaftliche „**neue Welt**" zu schaffen.

Rockefeller, Schwab, Gates, Soros... Alias **Philanthrocapitalists**...?

Es wird Gewinner und Verlierer geben. Wie überall. Lobbyisten. Menschen, die Arbeit haben und die keine Arbeit haben. Die mit ihrem Los zufrieden sind und unzufrieden. Es wird lokale Aufstände geben, die niedergeschlagen werden müssen, denn sie passen nicht zur Agenda. Das alles findet dann nicht mehr in einzelnen Staaten statt, sondern in **EINEM** Weltstaat.

Wird die UN Menschenrechts-Charta von 1948 Bestand haben in einem Weltstaat? Dann müsste man bestimmte kulturelle Leitlinien verbieten, die der Charta deutlich entgegenstehen. Was wird mit den Grundrechten in einer bunten Unity in Diversity passieren?

Wenn alle doch gleich sind und ihre „Diversity" überall ausleben dürfen, was wird dann aus der erstrebten Sicherheit für alle?

So viele offene Fragen...

Die Corona-Krise könnte sich als ein Meilenstein auf dem Weg in den Weltstaat erweisen. Mit Sicherheit wird mit Argusaugen beobachtet, wie die „Menschheit" auf die Aktionen ihrer Regierungen reagiert. Wie weit sie - jetzt schon und gerade in den demokratischen Staaten der Welt - bereit ist, auf Freiheit und Demokratie zu verzichten.

Wer wird sich in diesem Weltstaat durchsetzen? Wie und auf welcher Ebene werden Konflikte ausgetragen werden. Oder wird es eben, wie in Huxley's „**Schöne Neue Welt**" keine mehr geben, weil alle „gechippt" sind, je nach Brauchbarkeit?

Schaue ich mir die Weltkugel an samt Größe und Lage Deutschlands, so wirkt der Gedanke, es könne eine maßgebliche Rolle spielen, geradezu absurd!

Deutschland tut seit Jahren wirklich alles, um sich als Industrienation von Rang und somit Geld- und Ideengeber ins Nirwana aufzulösen. Kaum etwas macht das mehr deutlich, als die Energiewende, die stabilen Verhältnissen endgültig den Garaus machen wird.

Ein bezeichnendes Beispiel ist die Sprengung eines funktionstüchtigen 3 Milliarden Euro teuren AKW in Baden-Württemberg, die das Land von ausländischer, hier französischer (Atom!)Energie abhängig macht.

Wer sich mit Windkraftenergie als Ersatz auseinandersetzt, kann sehen, dass es den Befürwortern nicht um Umweltschutz gehen kann. **Hierzu ein interessanter Artikel auf „EIKE" Europäisches Institut für Klima & Energie: *„Zerstörung der Umwelt, um sie zu retten"*.**

China unterdessen wird sich die Butter nicht vom Brot nehmen lassen. Jetzt nicht und in den nächsten vielen Jahren auch nicht! Über 1,4 Milliarden Menschen.

China's Tentakeln reichen um den ganzen Erdball. Sie haben jede Menge Gelder verteilt und viele Abhängigkeiten geschaffen. Ein Weltstaat mit chinesischer Prägung also? Fast nicht zu glauben, aber es gibt Befürworter des ganz spezifischen chinesischen Umgangs mit Macht.

In seiner über 5000 Jahre alten Geschichte ging es in China politisch niemals um die Entwicklung eines freien Geistes aller Menschen.

Eine Art „Aufklärung" hat es in China nie gegeben. Nun gibt es das neue Sicherheitsgesetz für Hongkong, aber eigentlich für die ganze Welt. Egal, wo auf der Welt, möchte China gerne kritische Menschen zur Rechenschaft ziehen und sie im schlimmsten Fall ausgeliefert bekommen. Das ist wahrlich beunruhigend.

Was macht man in einem Weltstaat mit den verschiedenen Religionen? Christentum, Islam, Hinduismus Buddhismus etc.? Verbieten zur Wahrung eines Weltfriedens?

Wird eine der Religionen im Weltstaat die Oberhoheit für sich ergattern? Etwa der Islam, der keine Trennung zwischen Religion und Staat kennt und akzeptiert?

Fragen über Fragen, die offensichtlich ausgeblendet werden in der wunderbar strahlenden zukünftigen Weltcharta. Diese Fragen taugen nicht als kulturbunter Honig, den man den Menschen ums Maul schmieren kann.

Oder ist dieser ganze Hype um den erträumten Weltstaat pure Utopie? Einfach nur eine lächerliche Idee einer Clique von Weltverbesserern in Anbetracht der realen Verhältnisse auf diesem Planeten?

Dann gäbe es allerdings die Anstrengungen nicht, einen solchen zu errichten. Auf der Seite des Bundesministeriums für Entwicklung und Zusammenarbeit steht ausführlich zu lesen, was weltweit auf der Agenda steht. Wird die Welt zukünftig ein riesengroßes (Um-)Erziehungslager?

Es lohnt sich, immer wieder einmal die Vogelperspektive einzunehmen. Sich auszuklinken aus dem medialen Theater. Die Bühne zu verlassen und im Zuschauerraum Platz zu nehmen. Immer wieder die Frage zu stellen:

CUI BONO? Wem nutzen Grundrechtseinschränkungen? Dieser Frage sollte sich jeder jeden Tag stellen!

Ob die Menschheit weiterhin in einen nie dagewesenen, weltumspannenden und allumfassenden Totalitarismus als totale Planwirtschaft und immer weiter um sich greifenden Überwachungsstaat mit dauerhaften und je nach politischer Willkür gesetzten Beschränkungen der bisherigen Grundrechte hinein schlafwandelt, wird sich in den kommenden Jahren und Jahrzehnten erweisen.

Die Chancen, dass es so kommen wird, stehen leider - noch - sehr gut....

„***1984***" und „***Schöne neue Welt***" erscheinen uns heute als schon teilweise verwirklichte Dystopien. Sehr empfehlenswert von **Neil Postman**:

„Wir amüsieren uns zu Tode – Urteilsbildung im Zeitalter der Unterhaltungsindustrie"

Postman war der Meinung, dass wir uns eher auf Aldous Huxleyl's *„Schöne neue Welt"* zubewegen... Ein Zitat:

„Orwell warnt davor, dass wir von einer von außen auferlegten Unterdrückung überwältigt werden. Aber nach Huxley's Vision ist kein Big Brother erforderlich, um den Menschen ihre Autonomie, Reife und

Geschichte zu nehmen. So wie er es sah, werden die Menschen ihre Unterdrückung lieben, ihre Technologien verehren, die ihre Denkfähigkeiten zunichtemachen.

Was Orwell fürchtete, waren diejenigen, die Bücher verbieten würden. Was Huxley fürchtete, war, dass es keinen Grund geben würde, ein Buch zu verbieten, denn es würde niemanden geben, der eines lesen wollte.

Orwell fürchtete diejenigen, die uns Informationen vorenthalten würden. Huxley fürchtete diejenigen, die uns so viel geben würden, dass wir auf Passivität und Egoismus reduziert würden.

Orwell befürchtete, dass die Wahrheit vor uns verborgen bleiben würde. Huxley befürchtete, dass die Wahrheit in einem Meer von Irrelevanz ertrinken würde.

Orwell befürchtete, dass wir eine gefangene Kultur werden würden. Huxley befürchtete, dass wir eine triviale Kultur werden würden, die sich mit einem Äquivalent der Feelies (illusionistische Kinoform) des Orgieporgy (Drogen, Tanz, Gruppensex) und der Centrifugal Bumplepuppy (Kinderspiel) beschäftigt.

Wie Huxley in Brave New World Revisited anmerkte, haben die bürgerlichen Libertären und Rationalisten, die immer auf der Hut sind, um sich der Tyrannei zu widersetzen, ‚nicht berücksichtigt, dass der Mensch einen fast unendlichen Appetit auf Ablenkungen hat'.

Damit keine Missverständnisse aufkommen:

Ohne Zweifel gibt es echte Baustellen auf dieser Welt. Die Luftverschmutzung, Meeresvermüllung, Bodenverseuchung, religiöser und politischer Fundamentalismus von links und rechts.

CO2 gehört jedenfalls **NICHT** zu den menschheitsvernichtenden Problemen, wie man uns seit Jahren suggeriert. **Genauso wenig wie Covid-19.**

Das größte Problem scheint die Nutzen-Risiko-Abwägung in der Verhältnismäßigkeit der Mittel zu sein.

Es gibt vieles zu verbessern. Wir müssen z.B. nicht unbedingt pausenlos und buchstäblich besinnungslos um den Erdkreis jetten... Weniger wäre hier sicher mehr. Wir könnten energiesparender leben.

Wir brauchen nicht alle Nase lang neue elektronische Geräte, umweltunfreundlich hergestellt. Der Energieverbrauch wird immer weiter in schwindelerregende Höhen getrieben.

Eines erscheint nach alledem allerdings evident, sofern man seine Sinne beieinander und Interesse an Geschichte und Bildung hat:

Staat und Großkapital haben ein gemeinsames und übergeordnetes Interesse: Lenkung der Massen.

Die Weltbevölkerung hat sich seit den Siebzigern des vergangenen Jahrhunderts mehr als verdoppelt auf über 7,5 Milliarden, Tendenz steigend. Es gibt ein vitales Interesse daran, diese unüberschaubare, heterogene Masse Mensch irgendwie zu kontrollieren.

Hier setzt auch, als dritte Komponente, der staatsgläubige Sozialismus / Kommunismus an, der seinerseits nichts anderes im Sinn hat, als die Kontrolle der „unmündigen" Menschengeister in seinem Sinne.

Wer die Augen offen hat, erkennt das unerschöpfliche Bevormundungsreservoir dieses Triumvirats Wirtschaft – Staat – Ideologie und die linken Weltverbesserer scheinen gar nicht begreifen zu können oder auch zu wollen, dass sie voll vor den großkapitalistischen Karren gespannt werden…

Also, genau das Gegenteil dessen, was sie aller Welt vorgaukeln… Wirklich schade…

Tatsache ist und bleibt, dass die Bundesregierung ihre Versprechen der vielen letzten Wochen, den Lockdown aufzuheben, bereits mehrmals gebrochen hat.

Erst ging es um „10 Tage Verdopplungsrate", dann um „14 Tage", dann war es der R-Faktor, der unter 1 kommen musste und schließlich die höchst unwägbare Impfung, die alles in der Schwebe hält.

Es scheint ein ganz wunderbares Gefühl der Macht zu sein, das Politiker*innen, Medien, Nutznießer und Mitläufer offenbar in vollen Zügen genießen…und ein gar nicht unerheblicher Teil der Bevölkerung scheint seine Ohnmacht nicht weniger zu genießen…

Es ist unwahrscheinlich, dass uns das Thema Corona wieder verlassen wird und wir zur „alten" Ordnung zurückkehren werden. Es wird aus verschiedensten Motiven heraus alles getan, um das zu verhindern.

Menschen wurden erfolgreich und nachhaltig verängstigt und Politiker*innen wollen sich natürlich nicht vorwerfen lassen, sie hätten ZU WENIG getan!

Man darf gespannt sein, wie (oder ob überhaupt?) die Welt sich - diesmal – aus ihren Verstrickungen lösen wird und was danach kommt…

Bleiben Sie wachsam und aufmerksam, kritisch, nicht leichtgläubig, hinterfragend und infrage stellend.

Bedienen Sie sich Ihres eigenen Verstandes und lassen Sie sich nichts vortäuschen, nicht einlullen, nicht einschüchtern.

Ein unter die Haut gehendes Statement von höchster aktueller Brisanz:

„Die mangelnde Empathie der politischen Klasse" von Jeffrey Tucker vom 12. August 2020 auf „Mises-Institut"

***

Das Schlusswort hat John Stuart Mill (1806 – 73)

Ein britischer Philosoph, Politiker und Ökonom, der im Jahr 1859 gemeinsam mit seiner Frau Harriet Taylor-Mill einen Klassiker über die Freiheit geschrieben hat.

Dieser Text hat an Aktualität nichts verloren…

Aus „Über die Freiheit“ , 1859

Abgesehen von den besonderen Lehrsätzen individueller Denker ist aber in der Welt überhaupt eine wachsende Neigung zu spüren, die Macht der Gesellschaft über das Einzelwesen, sowohl durch die Macht der öffentlichen Meinung, wie sogar auch durch Gesetzgebung, ungebührlich auszudehnen.

Und da alle in der Welt stattfindenden Veränderungen darauf abzielen, die Gesellschaft zu stärken, aber die Bedeutung des Individuums zu vermindern, so gehört diese Beeinträchtigung nicht zu den Übeln, die von selbst verschwinden, sondern schwillt im Gegenteil immer fürchterlicher an.

Der Hang der Menschen, gleichviel ob Herrscher oder Mitbürger, ihre eigenen Meinungen und Neigungen anderen als Lebensregeln aufzuerlegen, wird so energisch von einigen der besten und einigen der schlimmsten der der menschlichen Natur innewohnenden Gefühle unterstützt, dass man ihn kaum anders als durch den Mangel an Macht im Zaun halten kann.

Und da diese nicht ab-, sondern zunimmt, so müssen wir in den gegenwärtigen Zeitläuften ein weiteres Anwachsen erwarten, es sei denn, dass man eine starke Schranke sittlicher Überzeugung gegen dieses Unglück errichten kann.

Annex

22. Oktober 2020

Die Monate sind dahingeflogen und das politische und gesellschaftliche Chaos breitet sich aus.

Das verstört zunehmend mehr Menschen und es scheint, dass immer mehr Menschen die Maßnahmen hinterfragen und sich um ihre eigene Zukunft und die Zukunft ihrer Familien sorgen.

Deutschland, Europa und die ganze Welt ist inzwischen zu einem Flickenteppich verschiedenster Regelungen, von relativ mild bis knallhart, mutiert.

Kinder werden unter die Maske gezwungen, Jugendliche und Erwachsene. Ein Milliarden-Heer von Maskierten bevölkert die Welt.

Die Maßnahmen verändern Gesellschaften in Lichtgeschwindigkeit. An die Oberfläche drängen, wie immer in totalitären Verhältnissen, die übelsten Seiten der Menschen.

Hunderte Millionen, ja vielleicht Milliarden werden zurück in die Armut gedrängt und katapultiert.

Die teils äußerst rigiden und willkürlichen Maßnahmen erscheinen unverhältnismäßig. Unzählige erkranken aufgrund der Folgen dieser Maßnahmen, die ihrer Gesundheit und Existenz lebensgefährdend und massiv schaden. Wie ist das alles möglich geworden?

Eines ist glasklar:

Das Demokratieverständnis ist bei sehr, sehr vielen Menschen nur oberflächlich ausgebildet und verankert. Es erweist sich als kinderleicht, Menschen ins Bockshorn zu jagen, sie zu verunsichern, einzuschüchtern und zu verängstigen.

Macht- und Geldgier werden nicht durchschaut. Die Rolle der Medien war und ist bisher verheerend und es bleibt die Frage:

Was wollen diese „Journalist*innen" erreichen? Wes Geistes Kind sind sie? Wes Geistes Kind sind die Unterstützer*innen und Mitläufer*innen des „alternativlosen Corona-Regimes" über die Köpfe der Menschen draußen und im Parlament hinweg?

Sie alle sägen an ihrem eigenen Ast, auf dem sie sitzen. Bemerken sie das nicht? Wieso nicht?

Niemand leugnet das Virus. Ganz offensichtlich ist es ein Corona Virus und für bestimmte Menschen nicht ungefährlich. Schauen wir uns die verfügbaren Zahlen und Statistiken an, so sagen sie uns, dass hier kein weltweites Killervirus unterwegs ist. Dieses mutiert ohnehin ständig weiter. Wie alle Viren.

In Deutschland gibt es nur wenige Hundert Menschen unter Intensivbehandlung. Ungefähr die Hälfte davon wird invasiv behandelt. Auch hier stellt sich die Frage, inwiefern und inwieweit die invasive Behandlung hilft oder schadet. Es war bereits die Sprache vom Hinweis des Verbandes der Pneumatologischen Kliniken.

Es ist wichtiger denn je, sich 360° zu informieren!

Die seit Sommer dazugekommenen folgenden Informationen sollen hier kommentarlos eingepflegt werden.

Sie sind bereits auf der Homepage des Brigitte Meyer-Simon Verlages unter „Covidioten ??" erschienen.

Diese Liste wird fortlaufend auf dieser Website ergänzt.

Abraham Lincoln (1804 – 1865)

„You can fool some of the people all of the time

and all of the people some of the time;

but you can not fool all of the people

all of the time"

Wo bleibt der zivilisierte, offene, sachliche, wissenschaftliche Diskurs, der kritische kompetente Stimmen nicht ausblendet und/oder diffamiert?

DAS IST ALLES, WORUM ES GEHT !!!

In Deutschland hat sich der Corona Ausschuss, geleitet von vier Rechtsanwält*innen (Fuellmich, Fischer, Fischer, Hoffmann), auf sachlicher und wissenschaftlicher Basis eine juristische Aufarbeitung politischer Reaktionen und Maßnahmen zur Aufgabe gemacht.

Zu den gesundheitlichen, wirtschaftlichen, juristischen, politischen und gesellschaftlichen Corona Aspekten werden im In- und Ausland Befragungen bzw. Interviews geführt.

Inzwischen 22 (22.10.20) mehrstündige live Sitzungs-Aufzeichnungen sind abrufbar auf:

www.corona-ausschuss.de

The Great Barrington Declaration:

Drei Wissenschaftler*innen von der Stanford-, Oxford- und Harvard University richten einen Appell an die Politiker*innen weltweit:

„*Als Epidemiologen für Infektionskrankheiten und Wissenschaftler im Bereich des öffentlichen Gesundheitswesens haben wir ernste Bedenken hinsichtlich der schädlichen Auswirkungen der vorherrschenden Covid-19 Maßnahmen auf die physische und psychische Gesundheit und empfehlen einen Ansatz, den wir GEZIELTEN SCHUTZ nennen*".

DIESE ERKLÄRUNG KANN UNTERSCHRIEBEN WERDEN.

www.gbdeclaration.org

Erläuterndes Video zu dieser Declaration von Psychiater **Dr. Raphael Bonelli**, Wien:

„Corona aktuell: Helfen Sie mit…"

„How likely is a second wave?"

Paul Kirkham, Professor of cell Biology and Head of Respiratory Desease Research Group at Wolverhampton University

Dr. Mike Yeadon, former CSO and VP, Allergy and Respiratory Research Head with Pfizer Global R&D and Co Founder of Ziarco Pharma Ltd.

Barry Thomas, Epidemiologist

www.lockdownsceptics.org

Video Onkologe **Dr. Walter Weber**, Hamburg:

„Arzt kritisiert Drostens Aussage zur Aussetzung von Regularien für Impfstoff" 11.10.2020

Passauer Neue Presse / 18.08.2020

„Forscher / Universität Passau: ARD und ZDF hatten ‚Tunnelblick' während Corona"

„Deutschland erlaubt das Impfen in der Apotheke –

ohne ausführliche ärztliche Untersuchung, ohne Kenntnisse des gesundheitlichen Gesamtstatus eines Patienten darf Vakzin injiziert werden.

Ärzte- und Apothekerkammer Brandenburg:

‚*Impfen ist eine originär ärztliche Tätigkeit und stellt eine komplexe Aufgabe dar, die nicht im Rahmen einer einmaligen Schulung (neun Stunden) erlernt werden kann*'".

www.corona-transition.org

„Die Enttarnung: Die Akteure des großen Corona Betrugs werden nach und nach von der Wahrheit eingeholt"

Artikel mit interessanten Links

www.rubikon.news / 10.10.2020

Bildungsministerin Anja Karliczek: „FactoryWisskomm"

Eine neue Denkfabrik, die sich mit der Optimierung von Wissenschaftskommunikation befassen soll. Mitglied u.a. Prof. Drosten.

Anmerkung: offener, freier, sachlicher und wissenschaftlicher Diskurs oder weitere Einschwörung auf den politisch erwünschten Kurs?

Prof. Mark Crispin Miller, Media, Culture and Communication at New York City University:

„*Support Academic Freedom*"

www.markcrispinmiller.com

„Die Politisierung von allem" mit Rechtsanwältin **Annette Heinisch** und Journalist **Karl-Peter Schwarz**

www.achgut.com / podcast Indubio Folge 66

Prof. Bauer: „*Wir müssen von diesen Zahlen wegkommen*"

Kritische Töne zur Zahl der positiven Corona-Tests bei ARD.

Epoch Times / 08.10.2020

„**Studie**: Durch Corona hat die Dritte Welt endgültig den Anschluss an den Westen verloren":

„*Zu den neun Staaten mit den meisten Infektionen mit SARS-Cov-2 gehören Brasilien, Kolumbien, Peru, Argentinien und Mexiko. Mindestens 34 Mill. Menschen in Lateinamerika + Karibik haben im ersten HJ 2020 ihre Arbeitsplätze verloren*". (= 8 %)

Anmerkung: Südamerika hat ca. 418.000.000 Mill. EW. Offiziell AN Corona bzw. MIT Corona verstorben sind

366.600 = 0,09 % (Okt. 20). An 34 Mill. Jobverlusten hängen ein Vielfaches mehr an Menschen)

„Politische Korrektheit war nie einfach nur ‚gut gemeint'" **Artikel von Claudio Grass**:

„…,'Sapere Aude! Habe Mut, Dich Deines eigenen Verstandes zu bedienen! ist also der Wahlspruch der Aufklärung." (Kant)

Die heutigen politischen und ökonomischen Kräfte scheinen sich dieser Gefahr, die eine mündige Bevölkerung darstellt, bewusst zu sein…".

www.insideparadeplatz.ch

„Dr. Mike Yeadon: Die Verwendung eines Tests mit unbekannter Rate an falsch-positiven Ergebnissen ist furchtbar".

„In einem Interview für den britischen Kanal talkRadio wurde der ehemalige wissenschaftliche Chefberater des Pharmakonzerns Pfizer, Dr. Mike Yeadon, zu den näheren Umständen der auch in UK stattfindenden Massentests auf SARS-Cov-2 befragt".

www.lehrer-fuer-aufklaerung.de

„Gruppe von unabhängigen Anwälten die sich vernetzt hat, um auf den unterschiedlichen Rechtsgebieten bei der Aufklärung der angeblichen Pandemie zu helfen und juristische Antworten auf die sich dabei stellenden Fragen zu finden".

www.afa-zone.de

„Der Körper wird ständig von Viren angegriffen".

Interview S. Kutter mit Prof. Christian Drosten:

„...und dazu wählten sie eine hochempfindliche Methode aus, die Polymerase-Kettenreaktion (PCR).

...Ja, aber die Methode ist so empfindlich, dass sie ein einzelnes Erbmolekül dieses Virus nachweisen kann. Wenn ein solcher Erreger z.B. bei einer Krankenschwester mal eben einen Tag lang über die Nasenschleimhaut huscht, ohne, dass sie erkrankt oder sonst etwas davon bemerkt, dann ist sie plötzlich ein Mers-Fall. Wo zuvor Todkranke gemeldet wurden, sind nun plötzlich milde Fälle und Menschen, die eigentlich kerngesund sind, in der Meldestatistik enthalten. Auch so ließe sich die Explosion der Fallzahlen in Saudi-Arabien erklären. Dazu kommt, dass die Medien vor Ort die Sache unglaublich hochgekocht haben...".

Wirtschaftswoche / 16.05.2014

Informativer Artikel **von Dr. med. Gunter Frank** zum öffentlichen Streit zwischen dem Staatsvirologen Prof.

Christian Drosten und dem Deutschen Netzwerk Evidenzbasierte Medizin:

„Die Sehnsucht nach Professor Brinkmann"

www.achgut.com

Exklusivinterview Teil 1+2 mit Rechtsanwalt **Dr. Reiner Fuellmich** zur PCR Test Klage gegen die Herren Drosten, Wieler und WHO.

www.clubderklarenworte.de

„*Es geht um nicht weniger und nicht mehr als das Überleben der Demokratie*"

www.respektplus.at / vielfältige Dokus zum Thema

„*Unser Ziel ist ein mächtiges und schnelles Referendum zur Demonstration der Kraft des Souveräns*".

Referendum gegen das Covid-19 Gesetz. Schweiz ist erstes Land weltweit, das ein Referendum über die staatlichen Maßnahmen abhalten will.

www.notrecht-referendum.ch

„Masken für Kinder sind eine Katastrophe"

Der Luzerner Hausarzt **Andreas Heisler** spricht über die Kollateralschäden der Corona-Maßnahmen, die Schließung seiner Praxis und er erklärt, weshalb er nach der Wiedereröffnung keine PCR Tests durchführen wird.

www.corona-transition.com

---

www.euromomo.eu / Graphs and maps / Z-scores für die europäischen Länder von 2016 - 2020:

Kein substantieller Anstieg in 2020 in folgenden Ländern:

Österreich, Dänemark, Estland, Finnland, Deutschland, Griechenland, Ungarn, Luxemburg, Malta, Norwegen.

Deutsches Netzwerk Evidenzbasierte Medizin e.V.

Wissenschaftliche Fachgesellschaft, die sich mit Theorie und Praxis der Evidenzbasierten Medizin beschäftigt.

„Covid-19 Wo ist die Evidenz?“

Stellungnahme mit Ergänzung vom 18.09.2020

www.ebm-netzwerk.de

Paul Schreyer: „Chronik einer angekündigten Krise –

Wie ein Virus die Welt verändern konnte" / Westend Verlag 14.09.2020

Siehe auch Interview mit Paul Schreyer ab 4 Std. 24 Min. in 17. Live-Sitzungs-Aufzeichnung.

www.corona-ausschuss.de

Oxfam Studie / 09.07.2020

„*12.000 people per day could die from Covid-19 linked hunger by the end of the year, potentially more than the desease, warns Oxfam*".

Siehe auch Artikel **Deutsche Wirtschaftsnachrichten** vom 24.09.2020:

„Corona: Millionen vom Hungertode bedroht, Armut nimmt dramatisch zu".

„CDC (Centers for Desease Control and Prevention / USA): **Guidance for certifying deaths due to Coronavirus Desease 2019 (Covid-19)**

In cases where a definite diagnosis of Covid-**19 CANNOT BE MADE** but it is **SUSPECTED** or **LIKELY** (e.g. the circumstances are compelling within a reasonible degree of certainty), it is **ACCEPTIBLE** to report Covid-19 on a death certificate as ‚**PROBABLE**' or ‚**PRESUMED**'. In these instances, certifyers should use their best clinical judgement in determining if a Covid-19 infection was likely. However, please note, that testing for Covid-19 should be conducted whenever possible".

Video „Corona Fehlalarm? Vortrag von **Prof. S. Bhakdi und K. Reiss** in Kiel" vom 05.09.2020

https://youtu.be/ppJAeu35-I / 2 Std. 27 Min. Vortrag zu ihrem Buch „Corona Fehlalarm?"

Prof. Dr. med. Ines Kappstein / Fachärztin Mikrobiologie, Virologie, Infektionsepidemiologie:

Studie: „Mund-Nasenschutz in der Öffentlichkeit: Keine Hinweise für eine Wirksamkeit".

www.thieme-connect.de

„Offener Brief an Söder & Co. wider die Maskenpflicht an bayrischen Schulen".

Kinderarzt **Dr. Martin Hirte: www.martin-hirte.de**

Clemens Arvay, Biologe, Video zu **RNS Impfstoffen**:

„Biologe enthüllt massive Gefahr der Corona-Impfung"

Studie des „**National Bureau of Economic Research**", US-amerikanische Forschungseinrichtung, aus der bereits zahlreiche Nobelpreisträger hervorgegangen sind:

„Four stylized Facts about Covid-19" August 2020

Die Studie besagt, dass weder Lockdowns noch Maskenpflicht einen Einfluss auf den Verlauf von Covid-19 hatten.

www.nber.org/papers/w27719.pdf

Sammelklage RA **Dr. Reiner Fuellmich** – US Sammelklage auf Schadensersatz gegen den deutschen Staat und die PCR Testhersteller in Vorbereitung.

Video Sitzung 4 www.corona-ausschuss.de

Dazu auch **www.corona-transition.org**:

„Eine US-amerikanische Sammelklage gegen PCR Tests aus Deutschland steht Bundesbürgern offen".
Video von Dr. Reiner Fuellmich

New York Times / 06.09.2020:

„Your Corona Test is positive. Maybe it shouldn't be"

Unterlassungsklage gegen Robert-Koch-Institut der Dipl. Psychologin **Daniela Prousa**:

www.ckb-anwaelte.de/download/Antrag_JH_DP_teilanonymVeroeff.pdf

Die Antragstellerin begründet in ihrem 35-seitigen Antrag, warum sie die Berichterstattung des RKI für verzerrend hält.

Interview mit **Prof. Dr. Stefan Hockertz**. Toxikologe / Immunologe auf Youtube:

„Prof. Dr. Stefan Hockertz zur Maskenpflicht – im Interview mit RS2".

Influenza Monatsbericht RKI KW 29 – 32, Ausschnitt:

„Seit der 8. KW 2020 sind insgesamt 13 (0,6%) SARS-CoV-2 positive Proben in 2.020 (Zweitausendzwanzig) untersuchten Proben im Sentinel der AGI detektiert worden.

"**Merkblatt zur aktuellen Covid-19 Testung in der Schweiz**" Schweizerisches Bundesamt für Gesundheit BAG:

„Die PCR (Polymerase-Kettenreaktion) ist eine NAT (Nucleic Acid Amplification Technology)-Methode der modernen Molekularbiologie, um in einer Probe vorhandene Nukleinsäure (RNA oder DAN) in vitro zu vervielfältigen und danach mit geeigneten Detektionssystemen nachzuweisen.

Der Nachweis der Nukleinsäure gibt jedoch **KEINEN RÜCKSCHLUSS AUF DAS VORHANDENSEIN EINES INFEKTIÖSEN ERREGERS**. Dies kann **NUR MITTELS VIRUSNACHWEISES** und einer **VERMEHRUNG IN DER ZELLKULTUR** erfolgen".

Beitrag von **Dr. Markus Veit** in Deutscher Apotheker Zeitung: „Hauptsache Maske?"

www.deutsche-apotheker-zeitung.de/daz-az/2020/daz-33-2020/hauptsache-maske

---

Eilantrag eines Thüringer Richters gegen Maskenpflicht + Abstandsgebot, da **keine verfassungsgemäße Rechtsgrundlage**: Update 17.08.2020 der Rechtsanwältin Jessica Hamed (Anwälte Bernhard Korn & Partner) zum „**bayrischen Offenbarungseid**" bzgl. des **kompletten Fehlens einer Behördenakte** zu den Corona-Maßnahmen.

www.ckb-anwaelte.de/corona-update-17august-2020/

Christian Bjørnskov / Universität Aarhus Studie:

„Did Lockdown work? An Economist's Cross Country Comparison"
https://dx.doi.org/10.2139/ssrn.3665588

Mises-Institut vom 12.8.2020 / Artikel von Jeffrey Tucker:

„Die mangelnde Empathie der politischen Klasse"

---

www.viruswaanzin.be / über 240 Menschen wollen belgischen Staat und Bill Gates verklagen.

---

www.mwgfd.de / Mediziner + Wissenschaftler für Gesundheit, Freiheit und Demokratie e.V.

Zum Vergleich: Tagesspiegel / 31.01.2018

„**Saisonale Influenza / Grippewelle trifft USA härter als Europa**".

In Kalifornien werden Patienten **in Zelten isoliert**, weil dort **aggressive Influenzaviren** kursieren. Ob Europa Ähnliches bevorsteht, ist offen.

„*Die USA erleben gerade eine **sehr schwere Grippesaison***" sagt Giovanni Mancarella von der europäischen Seuchenbehörde ECDC.

Das **Virus Typ H3N2** infiziert **bevorzugt Menschen über 60 Jahre + sehr junge Kinder**. Es geht auch mit einer relativ hohen Sterblichkeit einher.

„*In Europa gab es 2014/15 + 2016/17 eine vergleichbare Saison*" sagt Mancarella.

Anmerkung: 2017/18 gab es in Deutschland geschätzt ca. 25.000 Influenzaopfer.

Rechtsanwalt Dr. Reiner Fuellmich

www.corona-schadensersatzklage.de

RA Dr. Reiner Fuellmich im Interview / Video:

„Massenklage gegen Drosten und WHO“

---

www.corona-ausschuss.de / 13. Sitzung / ab Std. 3:33 Interview mit Rechtswissenschaftler **Prof. Dr. Martin Schwab.**

„**ExBVerfG-Richter: Neuer Lockdown unzulässig**“

Ehemaliger Vizepräsident des Bundesverfassungsgerichts **Prof. Ferdinand Kirchhof**, hält einen zweiten pauschalen Lockdown für verfassungswidrig.

www.judid.de / / 20.10.2020

---

www.medicosporlaverdad.es /

Spanische Ärzte für die Wahrheit

Ad hoc Stellungnahme zur Ministerpräsidentenkonferenz:

Prof. Dr. med. Matthias Schrappe / Prof. Dr. Gerd Glaeske + Autorengruppe

„Die Pandemie durch SARS-Cov-2/Covid-19 – Gleichgewicht und Augenmaß behalten"

Autorengruppe richtet dringenden Appell bzgl. besorgniserregender Fehlentwicklungen an die Politik.

„Diese Fehlentwicklungen betreffen alle 3 Sachgebiete, zu denen sich die Autorengruppe in ihren **4 bisherigen Thesenpapieren** bislang geäußert hat:

Epidemiologie, Präventionskonzept und gesellschaftspolitische Implikationen".

www.pharma-relations.de / 19.10.2020

„**Offline: Covid-19 is not a pandemic**"

It is a **SYNDEMIC**. ... Limiting the harm caused by SARS-Cov-2 will demand far greater attention to NCDIs (Anm.: Noncommunible Deseases) and socioeconomic inequality than has hitherto been admitted.

The total number of people living with chronic deseases is growing. Adressing Covid-19 means adressing hypertension, obesity, diabetes, cardiovascular and chronic respiratory deseases and cancer.

For the poorest billion people in the world today,

NCDIs make up over a third of their burden of desease.

The lancet commission described how the availability of affordable, cost effective interventions over the next decade could avert almost 5 million deaths among the world's poorest people. And that is without considering the reduced risks of dying from Covid-19".

www.thelancet.com / 26.09.2020

„Die Schweiz verlässt den Weg des Rechtsstaates"

www.notrecht-referendum.ch / 18.10.2020

„Neusprech in Corona-Zeiten / Sprache als Werkzeug zur Gedankenkontrolle"

Interview:

Dr. Sabine Helmhold, Medizinjournalistin mit **Dr. med. Walter Weber,** Onkologe

www.aerzte-fuer-aufklaerung.de / Video auf Website

Nicht das Virus hat die Welt aus den Fugen gerissen, sondern die Reaktionen darauf. Von Politik **UND** Gesellschaft.

Die Erfahrung lehrt, dass viele Menschen kategorisch den offenen Diskurs ablehnen. Warum?

Der Winter wird „heiß“ werden...

Allzu offensichtlich wird buchstäblich mit aller Macht versucht, die Panik aufrechtzuerhalten. Die Zahlen der ernsthaft Erkrankten und Verstorbenen bewegen sich im Promillebereich.

Die Kollateralschäden an Leib und Leben durch die Maßnahmen sind unüberschaubar und werden erst mit der Zeit deutlich werden.

Einst „demokratische Bastionen“ fallen reihenweise...

Angeblich „alternativlos“...

Cui Bono ???

Wer sagt:

Hier herrscht Freiheit, der lügt,

denn Freiheit herrscht nicht.

Erich Fried (1921 -1988)

IMPRESSUM

BRIGITTE MEYER-SIMON VERLAG

63456 HANAU

www.leben-trifft.dich.com

ISBN 978 – 3 – 930965 – 44 - 1